어휘를 알아야 만점을 잡는다!

스토리텔링식 신교과서 학습을 위한

마법의
상위권
어휘

초등 **2-2** 단계

WISDOM HOUSE 마법스쿨

상위권이 되려면 어휘부터 잡아라!

학 교 공부란 책을 읽고 그 속에 담긴 지식과 생각을 바르게 이해하고, 자기 생각을 말과 글을 통해 정확히 표현하는 것입니다. 그러므로 학교 공부는 다양한 내용의 어휘를 마음껏 부리어 사용하는 활동이라고 해도 지나친 말이 아닙니다. 학교 공부를 잘하려면 어휘력이 있어야 한다는 말은 그래서 나온 것입니다. 어휘력이 높은 학생이 그렇지 못한 학생보다 좋은 성적을 받고 있는 것은 실험을 통해서도 확인이 된 사실입니다.

> **"한자 공부는 어휘 학습에 꼭 필요해요."**

어휘력을 키우기 위해서는 어휘 공부를 별도로 해야 합니다. 책을 많이 읽으면 일반 생활 어휘는 익힐 수 있습니다. 그러나 교과서에 나오는 학습 어휘, 예를 들어 축척 · 등고선 · 침식 · 퇴적과 같은 어휘는 동화책이나 인물 이야기에서는 배우기 어렵습니다. 이러한 학습 어휘는 학교 공부에서 중요한 역할을 하기 때문에 따로 배우지 않으면 안 됩니다. 〈마법의 상위권 어휘〉는 학습 어휘를 재미있게 배울 수 있도록 만든 좋은 어휘 교재입니다.

그런데 이러한 학습 어휘는 대부분 한자로 되어 있지요. 그래서 어휘 공부를 하려면 한자를 함께 배우지 않으면 안 됩니다. 문제는 한자 학습법이 아직도 '무조건 외워라' 하고 강요하는 방식이라는 점이지요. 하지만 이제는 바꿔야 합니다. 무조건 외우는 천자문식 학습법 대신, 이 책에서 소개하는 연상 암기법으로 한자를 익히면 쉽고 재미있게 한자를 익힐 수 있을 것입니다. 학습 어휘도 배우면서 초등 필수 한자도 익힐 수 있는 일석이조 학습은 〈마법의 상위권 어휘〉만의 자랑입니다.

박원길 전주 성심여고 교사
〈한자 암기 박사〉
〈국가대표 한자〉 저자.
〈마법의 상위권 어휘〉 감수 위원.

상위권 도약의 비결,
바로 언어 사고력을 키워 주는 어휘 학습!

상담을 위해 저를 찾은 학부모님들 중에는 이런 말씀을 하시는 분들이 참 많습니다. 1, 2학년 때만 해도 상위권을 유지하던 아이인데, 학년이 올라가니까 성적이 떨어지고, 공부도 싫어한다는 겁니다. 이런 아이들을 살펴보면, 학습지나 문제집에서 많이 보았던 문제는 잘 풀지만, 조금만 낯선 유형의 문제가 나와도 당황하여 포기하고 말지요. 학년이 올라갈수록 공부는 점점 더 어려워집니다. 어려운 개념도 많이 등장하고, 응용력과 사고력을 요구하는 다양한 유형의 문제들이 많이 나옵니다. 하지만 단순 반복적인 학습지, 그대로 떠먹여 주는 공부법에 익숙해지면, 시험 문제를 풀 때도 머리로 생각하기보다 습관처럼 손이 먼저 움직이기 마련입니다. 당연히 낯선 지문, 낯선 유형의 문제에는 손이 가지 않겠지요.

이 세상의 지문과 문제를 모두 풀어 볼 수는 없습니다. 그래서 새로운 지문과 문제가 나왔을 때 배우지 않고도 짐작할 수 있는 추론 능력이 필요합니다. 〈마법의 상위권 어휘〉에서는 지문을 읽으면서 어휘의 뜻을 유추하는 훈련을 하고, 어휘를 낱글자별로 뜯어서 분석하는 훈련을 합니다. 이러한 유추와 분석의 과정을 거쳐서 자연스럽게 추론 능력이 생기게 되지요. 이는 오랜 현장 경험을 통해 효과를 검증받은 학습법이기도 합니다. 또 모든 과정이 재미있게 진행되므로 아이들이 싫증 내지 않고 공부할 수 있습니다.

〈마법의 상위권 어휘〉는 상위권 도약을 꿈꾸는 아이들과 학부모들을 위해 마련된 프로그램입니다. 이 책을 만나는 모든 어린이들이 뛰어난 어휘력과 추론 능력을 갖추고 상위권으로 도약하는 기쁨을 맛보기 바랍니다.

• 김명옥 한국학습저력개발원 원장
〈평생성적, 초등 4학년에 결정된다〉,
〈아이의 장점에 집중하라〉 저자.
〈마법의 상위권 어휘〉 기획 자문 위원.

> **"**
> 어휘 학습으로
> 언어 사고력을
> 키워 주세요.
> **"**

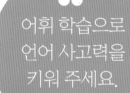

언어 사고력을 키우는
VIVA 학습법을 공개합니다!

⟫⟫ 상위권으로 가는 마법의 학습법 ⟪⟪

Vision 상상

재미있는 이야기 속에서 어휘의 뜻을
상상합니다.

이야기로 익힌다!

- 재미있는 이야기로 공부 부담을 줄입니다.
- 이야기 속에서 어휘의 뜻을 상상하며 유추의 힘을 키웁니다.
- 이야기 속에서 상상한 뜻을 맛보기 문제를 풀며 확인합니다.

Insight 통찰

낱글자 풀이를 보며
어휘의 구성 원리를 터득합니다.

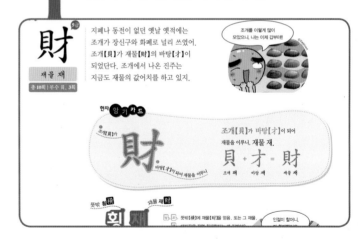

저절로 외워진다!

- 초등학교 학습 어휘의 90퍼센트 이상은 한자 어휘이며,
  한자 어휘는 한자가 둘 이상 모인 복합어입니다.
- 어휘 속에 들어 있는 한자의 뜻만 알아도 어휘 뜻이 술술 풀립니다.
  낱글자 풀이를 보며 어휘의 뜻을 파악하면서, 어휘의 구성 원리도
  터득합니다.
- 한자 학습서의 베스트셀러 〈한자 암기박사〉의 학습법을 적용,
  이야기를 읽다 보면 한자가 저절로 외워집니다.

"엄마를 놀라게 하는 학습지!"

형설지공의 자세로 학업에 매진할게요.

수동적인 태도를 버리고 능동적인 자세로 살아야죠.

그러려면 용돈 인상이 불가피하죠.

이렇게 어휘력이 좋아질 수가!

Variety 확장

하나를 알면 열을 알듯이, 중심 어휘와 관련된
어휘들을 꼬리에 꼬리를 물듯 배웁니다.

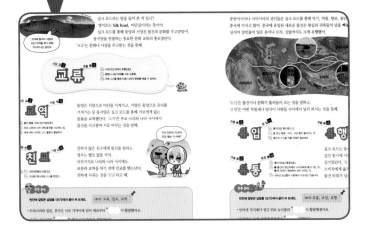

어휘가 꼬리를 문다!

- 같은 한자가 쓰인 여러 어휘들을 꼬리를 물고 배웁니다.
- 이미 배운 대표 어휘와 같은 주제의 여러 어휘들을 꼬리를 물고 배웁니다.

Application 활용

재미있는 게임형 문제로 어휘 활용
능력을 키웁니다.

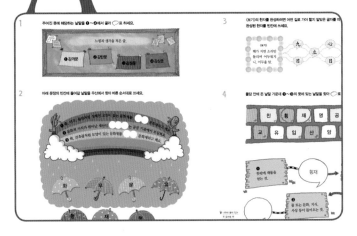

재미있게 공부한다!

- 머리를 자극하는 게임형 문제를 풀다 보면 어휘력이 쑥쑥 자라납니다.
- 친근하고 재미있는 떡 캐릭터와 함께 공부의 즐거움을 느낄 수 있습니다.

마법의 상위권 어휘 무엇을 배울까요?

⚜ 초등학교 2단계 학습 내용 ⚜

2-1 단계

호	교과서 학습 어휘		한자	연계교과
제1호	01	주택	宅(5급)	사회 / 과학
		구실	實(5급)	
	02	광원	光(6급)	
		용수	工(7급)	
제2호	01	자료	材(5급)	수학 / 국어
		선택	選(5급)	
	02	원	圓(준4급)	
		토론	論(준4급)	
제3호	01	적당	適(4급)	체육 / 음악
		참여	參(5급)	
	02	작곡	曲(5급)	
		시련	試(준4급)	
제4호	01	포화	飽(3급)	과학 / 도덕
		경험	營(4급)	
	02	심혈	血(준4급)	
		성충	成(6급)	

초등학교 2단계 학습 내용

〈마법의 상위권 어휘〉는 전체 5단계 10권으로 구성되어 있습니다.
초등학교 2단계에서는 초등학교 저학년 어린이가 꼭 알아야 할
중요 어휘들을 공부할 수 있습니다.

2-2 단계

호		교과서 학습 어휘	한자	연계교과
제 1 호	01	문화재	財(5급)	미술 / 국어
		교류	交(6급)	
	02	낭송	暗(준4급)	
		감상	感(6급)	
제 2 호	01	금속	金(8급)	사회 / 과학
		연료	火(8급)	
	02	교통	症(준3급)	
		위반	反(6급)	
제 3 호	01	접속	接(준4급)	수학 / 도덕
		결산	算(7급)	
	02	문장	文(7급)	
		고장	常(준4급)	
제 4 호	01	은하수	星(준4급)	과학 / 수학
		이륙	洋(6급)	
	02	통신	通(6급)	
		각도	度(6급)	

마법의 상위권 어휘 이렇게 공부하세요!

지문 읽기

글을 읽으면서 주황색으로 된 낱말의 뜻은 무엇인지 머릿속에 그려 보세요. 낱말의 뜻은 글 속에서 익혀야 정확하게 알고 오래 기억할 수 있답니다.

맛보기

지문에 나온 주황색 낱말 중 하나를 골라 빈칸에 답을 써 보세요. 한 번만 써 보아도 어휘를 내 것으로 만드는 데 큰 도움이 됩니다.

돋보기

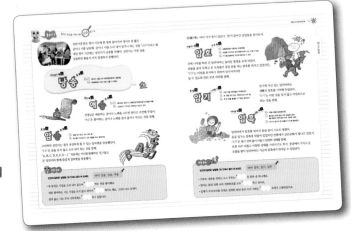

왼쪽 상단의 박스 속에 든 대표 어휘의 뜻을 먼저 익히세요. 한자와 낱글자 풀이를 꼼꼼히 읽으면 쉽게 뜻을 알 수 있어요.

글을 따라 읽으며 확장 어휘에는 무엇이 있는지 익혀 보세요. 다 읽은 다음, 쏙쏙 문제를 풀면 머릿속에 어휘들이 쏙쏙 들어올 거예요.

한자가 술술

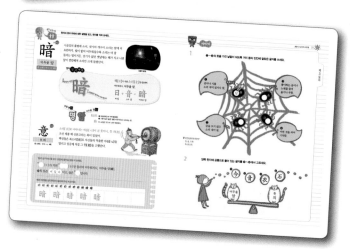

한자에 담긴 글자 원리를 읽고, 암기카드 속 문장을 노래하듯 외우며 빈칸을 채우고 한자도 써 보세요.

다지기

공부한 내용을 기억하기 쉽도록 재미있는 문제로 만들었어요. 실력도 다지고, 재미있게 학습을 마무리해요.

● 각 호는 1주일, 각 권은 1개월 단위의 학습량으로 구성되어 있습니다. 일주일에 한 호씩, 한 달이면 나도 상위권 어휘력을 가질 수 있어요.

도전! 어휘왕

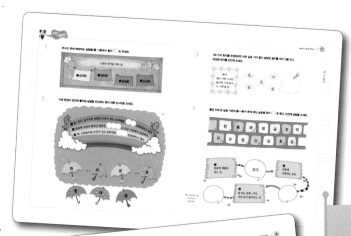

재미있는 게임형 문제를 풀며 어휘력을
키울 수 있어요.
사다리, 미로, 색칠하기, 선긋기 등
다양한 활동으로 재미있게 공부해 봐요.

평가 문제

학교 시험 문제와 유사한 유형의
문제를 풀어 볼 차례입니다.
어휘력으로 학교 공부를 잡는다는 말,
여기에서 실감해 보세요!

어휘랑 놀자!

01

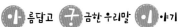

교과서에 나오는 순우리말과 속담, 관용어를
만화로 재미있게 익혀 보세요.

02

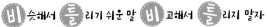

또래 친구들이 실제로 쓴 글을 보고 틀리기 쉬운 말을
바르게 구분하여 익혀 보세요.

03

교과서에 나오는 외래어를 이용, 초등학교에서
꼭 알아야 할 영단어를 익혀 보세요.

마법의 상위권 어휘
떡 친구들을 소개합니다!

애들아, 안녕?

반가워.
나는 쑥을 넣어 만든
말랑말랑한 떡이야.

향긋

얘는 내가 기르는 개,
떡구 !

개떡이라 개가
잘 따르는구나.

꺄하하

내 이름은 쑥개떡,
가끔 개떡이라고도 불러.

나는 꿀물을 가득 담고 있는
꿀떡이야.

초등 2-2 단계

어휘를 알아야 만점을 잡는다!

스토리텔링식 신교과서 학습을 위한

마법의 상위권 어휘

제 1 호

어휘가 쑥쑥 자라요.

부모님과 선생님께서는 이렇게 지도해 주세요

제 1 일차	제 2 일차	제 3 일차	제 4 일차	제 5 일차
탈춤을 보러 간 이야기를 읽고, 대표 어휘 '문화재'와 한자 '財'를 익힙니다. '문화재'에서 확장된 여러 낱말의 뜻을 스스로 추론해 보도록 지도해 주세요.	대표 어휘 '교류'의 뜻과 한자 '交'를 익히고, 관계있는 낱말도 함께 익힙니다. 다지기 문제를 풀어 보고, '소담스럽다'라는 낱말의 뜻과 쓰임도 익히도록 해 주세요.	사랑을 고백하는 청년의 이야기를 읽고, 대표 어휘 '낭송'과 한자 '暗'을 익힙니다. '낭송'에서 확장된 여러 낱말의 뜻을 스스로 추론해 보도록 지도해 주세요.	대표 어휘 '감상'의 뜻과 한자 '感'을 익히고, 관계있는 낱말도 함께 익힙니다. 다지기 문제를 풀어 보고, '식히다'와 '시키다'를 구별하여 쓰도록 해 주세요.	재미있는 게임 문제와 학교 시험 유형의 평가 문제를 풀며 어휘 실력을 다집니다. '골인(goal in)'과 구성 원리가 비슷한 영어 단어들도 함께 익히도록 해 주세요.

•이런 내용을 배워요 !

한국 문화를 알기 위해 문화 교류 프로그램에
지원한 제임스는 뉴질랜드에서 온 대학생.
우리 집에서 홈스테이를 하고 있어요.
탈춤을 보고 싶다는 제임스와 함께 안동에 갔어요.

어휘랑 놀자 1

아름답고 궁금한 우리말 이야기

소담스럽다

제 1 일차

교과서 학습 어휘 01

맛보기

돋보기1

한자가 술술

다지기

문화재

유형 문화재 무형 문화재
재산 재단 재무

제 2 일차

돋보기2

한자가 술술

다지기

교류

교역 친교
유입 유행 유통

財

交

어느 집 창문 아래에서 사랑의 세레나데를
부르며 사모의 마음을 고백하는 청년이 있었어요.
하지만 청년이 찾아간 집은
어떤 할아버지의 집이었답니다.

제 **3** 일차

교과서 학습 어휘 02
맛보기
돋보기1
한자가 술술
다지기

낭송

애송 암송
암호 암기 암흑

제 **5** 일차

도전! 어휘왕
평가 문제

감상

감정 도감
감상문 감탄 감격

暗

意

제 **4** 일차

돋보기2
한자가 술술
다지기

感

減

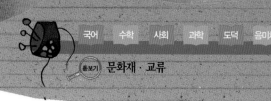

❶ 글 속의 주황색 낱말들은 무슨 뜻일까요? 잘 생각하면서 다음 글을 읽어 보세요.

우리 집에 식구가 한 명 늘었어요.

이름은 제임스, 뉴질랜드에서 온 대학생이에요.

한국과 뉴질랜드 정부가 마련한 문화 교류 프로그램에 지원해서

뽑혔다고 해요. 문화 교류 재단의 주선으로 우리 집에서 한 달 동안

홈스테이를 하고 있어요. 어제는 제임스와 함께 안동에 다녀왔어요.

우리나라 탈춤을 꼭 한번 실제로 보고 싶다는 제임스에게

하회 별신굿 탈놀이를 보여 주고 싶었어요. 중요 무형 문화재로

지정될 만큼 우리나라 가면극의 귀중한 자료라고 배웠거든요.

첫째 마당은 '양반 선비 마당'이었어요.

양반 광대와 선비 광대의 익살 넘치는 몸짓에

제임스와 나는 배꼽을 잡고 웃었어요.

우리가 간 날은 운 좋게도 하회 별신굿 탈놀이 전승자께서 직접

선비 광대를 해 주셨어요. 무형 문화재 보유자로 지정된 분의 공연을

눈앞에서 보게 되어 무척 기뻤어요.

둘째 마당은 '신방 마당'이었어요. 신랑 광대와 각시 광대의

맵시 있는 춤이 무척 흥겨웠어요.

탈놀이가 끝나고 기념품을 파는 곳에 들렀어요.

제임스는 뉴질랜드에 있는 친구에게 보내 줄 거라며

각시탈을 샀어요. 각시탈을 선물로 보내다니

여자 친구인가 봐요. 돌아오는 길에 제임스와 약속했답니다.

나중에 제가 대학생이 되면

뉴질랜드의 제임스네로 꼭 놀러 가기로 말이에요.

맛보기

◑ 빈칸에 알맞은 낱말을 왼쪽 글의 주황색 낱말 중에서 찾아 써 보세요.
잘 모를 땐 💡 를 보거나, ❶~❸에서 골라 쓰세요.

1 이정은 선수는 이번 올림픽에서 금메달을 따며 세계 기록 `보 유 자` 가 되었어요.

💡 어떤 것을 가지고 있거나 간직하고 있는 사람을 뜻해요.

❶ 보유자　　　　❷ 지화자　　　　❸ 그림자

2 옛날에는 친척이나 이웃들이 문구멍으로 〇〇 을 엿보는 풍습이 있었어요.

💡 신랑과 신부가 첫날밤을 보내도록 새로 꾸민 방을 말해요.

❶ 난방　　　　❷ 신방　　　　❸ 모방

3 〇〇〇 가 없어서 사라질 위기에 놓인 전통문화가 많아요.

💡 기술이나 지식 따위를 이어받아 전하는 사람을 뜻해요.

❶ 전화기　　　　❷ 전봇대　　　　❸ 전승자

4 형은 방학 동안 전국을 누비며 〇〇〇 답사 여행을 하고 왔어요.

💡 문화적 재산을 뜻해요.

❶ 문화재　　　　❷ 문지기　　　　❸ 문어발

5 남북한의 〇〇 가 확대되고 있어요.

💡 문화나 사상 따위가 서로 섞여 통하는 것을 말해요.

❶ 교류　　　　❷ 의류　　　　❸ 서류

6 고모와 고모부는 아빠의 〇〇〇 으로 만난 사이랍니다.

💡 일이 잘되도록 중간에서 힘쓰는 일을 가리켜요.

❶ 주방　　　　❷ 주걱　　　　❸ 주선

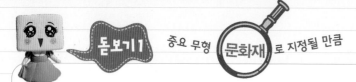

돋보기1 　중요 무형 **문화재** 로 지정될 만큼

'문화재'는 조상들이 물려준 가치 있는 사물이나 문화를 말해.
우리가 살아온 역사를 보여 주는 귀중한 유산이지. 옛사람들의 삶의 지혜가
담겨 있는 문화재를 보호하기 위해 나라에서는 법을 만들어 관리한단다.

국보 제188호
천마총 금관.

글월 문 文　될 화 化　재산 재 財

문화재

낱⟩ 문화(文化)적 가치가 뛰어난 재산【財】.
교⟩ 공공 기관에서 정하여 보살피는 오래된 물건, 집, 기술 따위.
예⟩ 미륵사지 석탑은 백제 시대의 문화재입니다.

낱⟩ 은 낱글자 풀이,
교⟩ 는 교과서의 뜻이야!

문화재에는 어떤 것들이 있는지 알아보자.

있을 유 有　모양 형 形

유형 문화재 文化財

낱⟩교⟩ 모양【形】이 있는【有】 문화재(文化財).
예⟩ 중요한 유형 문화재는 보물이나 국보로 지정받아요.

책, 건축물, 공예품, 예술품처럼
모양이 있어 직접 보거나
만질 수 있는 문화재를
'유형 문화재'라고 해.

보물 제346호
모란 무늬 매병.

없을 무 無　모양 형 形

무형 문화재 文化財

낱⟩교⟩ 정해진 모양【形】이 없는【無】 문화재(文化財).
예⟩ 중요 무형 문화재 제17호인 봉산 탈춤을 보고 왔어요.

춤, 연극, 음악, 공예 기술처럼
모양이 없는 문화재를
'무형 문화재'라고 해.
형태가 없기 때문에
관련된 기술이나 재주를 가진
사람들이 이어 간단다.

중요 무형 문화재
제27호 승무.

쏙쏙 문제

빈칸에 알맞은 낱말을 〈보기〉에서 골라 써 보세요.　　〈보기〉 문화재, 무형, 유형

• 국보 제287호인 백제 금동 대향로는 모양이 있는 ① ◯◯ 문화재예요.

• 보존할 만한 가치가 있는 문화유산을 ② ◯◯◯ 라고 해요.

• 영남, 호남의 해안 일대에서 전승되어 온 강강술래는 중요 ③ ◯◯ 문화재 제8호입니다.

재물 재財 　재산 산産

교 ❶ 개인이나 단체가 가지고 있는 값나가는 물건이나 돈.
❷ 소중한 것을 비유적으로 이르는 말.
예 회장님은 재산의 일부를 사회에 기부하기로 했어요.

천연기념물 역시 소중히 돌봐야 할 우리의 재산!
천연기념물 제8호 서울 재동의 백송.

조상들이 남겨 놓은 유형, 무형의 문화재는 우리가 잘 지키고 가꾸어 후손에게 길이 물려주어야 할 값진 '재산'이야. 재산은 가치가 있거나 값나가는 물건을 말해. 아주 소중한 것을 뜻하기도 하지.

재물 재財 　조직 단團

낱 재물【財】을 모아 활동하는 조직【團】.
교 어떤 일을 하려고 여럿이 돈을 모아 꾸리는 단체.
예 성민이 할아버지께서 장학 재단을 설립했어요.

'재단'은 여러 사람의 재산을 모아 어떤 목적을 위해 활동하는 단체를 말한단다. 문화재 보호 재단은 나라에서 미처 발굴하지 못한 문화재를 찾거나 널리 알리기 위해 만들어진 단체야. 환경 재단은 생명과 환경을 잘 지키기 위해 만들어진 단체란다.

평생 모은 재산을 어린이 재단에 기부하기로 했어요.

재물 재財 　일 무務

낱 돈이나 재산【財】에 관한 일【務】.
교 회사 같은 데서 돈 씀씀이를 살피는 일.
예 다들 숫자에 어두워 재무를 담당할 사람이 없다.

재단을 비롯한 여러 조직은 활동을 위해 돈을 쓰지. 돈이나 재산에 관한 일이나 사무를 '재무'라고 해. 필요한 돈을 모으고 관리하며 어디에 사용할 것인지 계획을 세우는 것이 모두 재무에 해당한단다.

여보, 이제부터 내가 우리 집 재무를 담당하겠어요!

쏙쏙 문제

빈칸에 알맞은 낱말을 〈보기〉에서 골라 써 보세요. 　〈보기〉 재무, 재산, 재단

• 책은 인류의 지혜가 담겨 있는 소중한 ❶◯◯ 이에요.

• 아빠는 회사의 재산을 관리하는 ❷◯◯ 부서에서 일하고 있어요.

• 우리 가족은 일 년에 한 번씩 어린이 복지 ❸◯◯ 에 성금을 내고 있어요.

財 5급

재물 재

총 10획 | 부수 貝, 3획

지폐나 동전이 없던 옛날 옛적에는
조개가 장신구와 화폐로 널리 쓰였어.
조개【貝】가 재물【財】의 바탕【才】이
되었단다. 조개에서 나온 진주는
지금도 재물의 값어치를 하고 있지.

조개를 이렇게 많이
모았으니, 나는 이제 갑부야!!
©Debivort

한자 암기카드

❶ 조개【貝】가

財

❷ 바탕【才】이 되어 재물을 이루니

조개【貝】가 바탕【才】이 되어
재물을 이루니, 재물 재.

貝 + 才 = 財
조개 패　바탕 재　재물 재

뜻밖 횡 橫　　재물 재 財

횡 재

닮교 뜻밖【橫】에 재물【財】을 얻음. 또는 그 재물.
예 돼지꿈을 꾸면 횡재한다는 게 진짜야?

특별한 노력을 하지 않았는데도 예상치 못하게
재물을 얻는 것을 말해. 잊고 있던 세뱃돈을 책 속에서
발견했을 때처럼 말이야.

인절미 할머니,
저 횡재했어요.

'한자 암기카드'를 보고 빈칸에 들어갈 말을 써 보세요.

❶ ⬜⬜【貝】가 ❷ ⬜⬜【才】이 되어 재물을 이루니, 재물 재(財).

財의 뜻은 재 물 이고 음은 ❸ ⬜ 입니다.

財의 어원을 생각하면서 필순에 따라 써 보세요.

財	財	財	財	財	財	財	財	財	財

財	財	財	財	財

다지기

1 자동차에서 ❶~❸으로 이어진 길을 따라가면 두 글자로 된 낱말이 완성됩니다.
그 낱말을 알맞은 뜻과 이으세요.

개인이나 단체가
가지고 있는 값나가는
물건이나 돈.

재물을 모아
활동하는 조직.

돈이나 재산에
관한 일.

2 〈보기〉의 한자를 완성하려면 어떤 글자 조각이 필요한지 ❶~❹에서 고르세요.

〈보기〉 조개가 바탕이 되어 재물을 이루니, 재물 재.

才   ❶ 貝   ❷ 目   ❸ 月   ❹ 員

©J mcdowell

고대에 중국이 서방과 비단 무역을 하기 위해 지나다니던 길이야.

실크 로드라는 말을 들어 본 적 있니?
영어로는 Silk Road, 비단길이라는 뜻이야.
실크 로드를 통해 동양과 서양은 물건과 문화를 주고받았어.
동서양을 연결하는 중요한 문화 교류의 통로였단다.
'교류'는 문화나 사상을 주고받는 것을 뜻해.

서로 교 交   흐를 류 流

교류

낱 서로【交】 섞여서 흐름【流】.
교 문화나 사상 따위를 서로 교환함.
예 국제 교류를 통해 다른 나라의 문화를 배울 수 있어요.

서로 교 交   비꿀 역 易

교역

낱 물건 등을 서로【交】 바꿈【易】.
교 주로 나라와 나라 간에 물건을 사고파는 일.
예 세계 여러 나라와 교역 활동이 활발하다.

동양은 서양으로 비단을 가져가고, 서양은 동양으로 유리를
가져가는 등 동서양은 실크 로드를 통해 서로에게 없는
물품을 교역했단다. '교역'은 주로 나라와 나라 사이에서
물건을 사고팔며 서로 바꾸는 것을 말해.

친할 친 親   사귈 교 交

친교

낱 교 친하게【親】 사귐【交】.
예 조선은 명나라와 친교를 맺었다.

친하지 않은 친구에게 물건을 빌리는
경우는 별로 없을 거야.
마찬가지로 나라와 나라 사이에도
교류와 교역을 하기 전에 친교를 맺는단다.
친하게 사귀는 것을 '친교'라고 해.

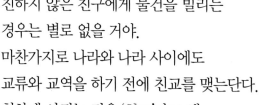

우리 친하게 지내자!
친교 맺는 거 어때?

쏙쏙 문제

빈칸에 알맞은 낱말을 〈보기〉에서 골라 써 보세요.   〈보기〉 교류, 친교, 교역

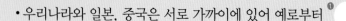

• 우리나라와 일본, 중국은 서로 가까이에 있어 예로부터 ❶◯◯ 이 활발했어요.

• 신라는 당나라와 ❷◯◯ 를 맺고 삼국 통일을 꾀하였어요.

• 남북한은 통일에 한발 다가가기 위해 문화 예술단의 ❸◯◯ 활동을 펼치고 있어요.

제
2
일
차

중앙아시아나 서아시아의 상인들은 실크 로드를 통해 악기, 약품, 향료, 융단 등 희귀한 상품을
중국에 가지고 왔어. 중국에 유입된 새로운 물건은 왕실과 귀족들의 넋을 빼놓았단다.
심지어 상인들이 입은 옷이나 모자, 신발까지도 크게 유행했어.

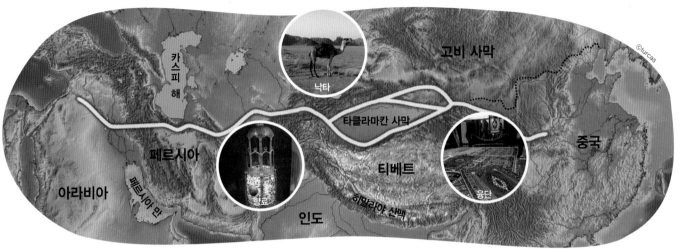

동서양의 교역품이 오가던 실크 로드.

'유입'은 물건이나 문화가 흘러들어 오는 것을 말하고,
'유행'은 어떤 차림새나 양식이 사람들 사이에서 널리 퍼지는 것을 뜻해.

흐를 류 流   들 입 入
유입
낱 흘러【流】 들어옴【入】.
교 물 또는 문화, 지식, 사상 등이 들어오는 것.
예 폐수의 유입을 막을 대책이 필요해요.

흐를 류 流   행할 행 行
유행
낱 널리 흘러【流】 행해짐【行】.
교 어떠한 양식이나 현상 등이 널리 퍼지는 것.
예 올봄에는 꽃무늬 옷이 유행인가 봐.

흐를 류 流   통할 통 通
유통
낱 흘러서【流】 통함【通】.
교 ❶ 물건이 생산지에서 소비자에게 옮겨 가는 것.
❷ 돈 따위가 세상에서 널리 쓰이는 것.
예 외국산 농산물이 시중에서 유통되고 있습니다.

실크 로드는 동서양의 교역품을 전달하는
길인 동시에 서로의 문화가 유통되는
길이었단다. '유통'은 상품이 생산된 곳에서
소비자에게 옮겨 가는 것을 말해. 화폐나
물건 따위가 널리 쓰이는 것을 말하기도 한단다.

 쏙쏙 문제

빈칸에 알맞은 낱말을 <보기>에서 골라 써 보세요.   〈보기〉 유통, 유입, 유행

• 인터넷 직거래가 생긴 뒤로 농산물의 ❶◻◻ 이 활발해졌어요.

• 고구마는 조선 시대에 일본에서 ❷◻◻ 되었어요.

• 친구들 사이에서 ❸◻◻ 하는 게임기를 사고 싶어서 용돈을 모으고 있어요.

交 6급

서로, 사귈 교
총 6획 | 부수 亠, 4획

아빠가 중요한 분을 만나러 가실 때는 양복을 입고
넥타이를 매시지. 옛날에는 상투를 튼 머리【亠】에
갓을 쓰고 나가 아버지들이 서로【交】 사귀었단다【交】.

한자 암기카드

① 머리【亠】에 갓을 쓰고 나간
② 아버지【父】들이 서로 사귀니

머리【亠】에 갓을 쓰고 나간 아버지【父】들이
서로 사귀니, 서로 교, 사귈 교.

$$亠 + 父 = 交$$

머리 부분 두　아버지 부　서로 교, 사귈 교

벗 우 友　사귈 교 交　써 이 以　믿을 신 信

교우이신

[낱] 교 벗【友】을 사귐【交】에 믿음【信】으로써【以】 함.
[예] 교우이신은 신라 때 화랑이 지켰던 다섯 가지 정신 중 하나예요.

서로 교 交　느낄 감 感

교감

[낱] 서로【交】 느낌【感】을 주고받음.
[교] 느낌이나 생각을 남과 나누거나 같이하는 것.
[예] 내 짝과 나는 교감이 잘 이루어진다.

빵 사러 매점 갈까?

아, 나도 그 말 하려고 했는데. 우린 정말 교감이 통해!

언제나 정직하게 믿음으로 친구를 사귀는
'교우이신'을 몸에 익혀 보렴. 말하지 않아도
서로 느낌이 통하며 '교감'을 나누는
친구가 될 수 있단다.

'한자 암기카드'를 보고 빈칸에 들어갈 말을 써 보세요.

① ◯◯◯【亠】에 갓을 쓰고 나간 ② ◯◯◯◯【父】들이 서로 사귀니, 서로 교, 사귈 교(交).

交의 뜻은 서 로 , 사 귀 다 이고, 음은 ③ ◯ 입니다.

交의 어원을 생각하면서 필순에 따라 써 보세요.

交 交 交 交 交 交

交	交	交	交	交		

다지기

제 **2** 일차

1 상자의 뜻에 알맞은 낱말을 찾고 길을 따라가 만나는 친구에게 ◯표 하세요.

2 주어진 문장 속에 '교(交)'의 두 가지 뜻이 있어요. 두 가지 뜻을 찾아 ◯표 하고, 빈칸에 쓰세요.

머리에 갓을 쓰고 나간 아버지들이 서로 사귀니,

| 서로 | | 교(交) |

소담스럽다

인절미 할머니, 생신을 축하드려요!

할머니를 위한 축하 꽃다발이에요.

하이고~ 나를 닮은 국화꽃이 화사하고 소담스럽구나!

소담 스럽다뇨?

'소담스럽다'는 생김새가 탐스럽다는 뜻이야.

이제 할머니를 위한 생신상을 저희들이 차려 드릴게요.

따끈따끈한 밥도 하고.

과일에 떡에~.

오, 제대로 된 잔칫상이로군!

이 할미는 정말 행복하당께…….

자~ 맛있는 밥과 미역국 대령이오!!

어서어서 자리에 앉으세요.

그래 그래.

고맙게 잘 먹으마. 엥?!

먹다 만 것같이 담아 놓은 꼴이 이게 뭐야?

음식은 소담스럽게, 즉 풍족하고 먹음직스럽게 담아야지.

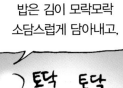

밥은 김이 모락모락 소담스럽게 담아내고,

토닥 토닥

떡과 과일도 소담스럽게, 꽃도 소담스럽게 꽂아 놓고!!

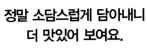

정말 소담스럽게 담아내니 더 맛있어 보여요.

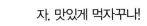

자, 맛있게 먹자꾸나!

멋진 생신상을 보니 없던 식욕도 생기네요, 쩝쩝!

내 몫은 남겨야지……

❶ 글 속의 주황색 낱말들은 무슨 뜻일까요? 잘 생각하면서 다음 글을 읽어 보세요.

"창문을 열어~ 다오~♪"

한 청년이 늦은 밤 어느 집 창문 아래에서 사랑의 세레나데를 불렀어요.

하지만 창문은 열리지 않았죠. 다음 날 밤도 청년은 그 집을 찾아갔어요.

사모의 마음을 가득 담은 시를 지어 갔죠. 청년은 정성을 다해 시를 낭송했어요.

창문은 여전히 열리지 않았어요. 어느덧 새벽이 되어 청년이 발걸음을 돌리려고 했을 때예요.

대문이 끼익 열리더니 나이가 지긋하신 어르신 한 분이 나오셨어요.

"여보게, 이리 좀 와 보게." 청년은 쭈뼛거리며 다가갔어요.

"내 밤새 자네의 시를 감상했네. 그런데 운율이 맞으면 훨씬 감동적일 거야.

내 한번 읊어 보지." 어르신이 시를 읊기 시작했어요.

"그녀는 아름다운, 꽃보다 향기로운, 솜보다 부드러운, 나에겐 완전 행운. 어떤가?"

'운'이라는 글자로 운율을 맞춘 시가 청년의 귀에 쏙 들어왔어요.

"리듬감이 있어서 제 시보다 훨씬 재밌습니다." 청년의 대답에 어르신은 풋 웃고서

얘기했어요. "그리고 말이지, 시보다 더 중요한 게 있어. 집을 제대로 찾아가야지.

이 집에는 나랑 할멈이랑 둘만 살고 있어. 아가씨라면 옆집에 한 명 살고 있네만……"

내일은 옆집 창문 아래서 시를 낭송하는 청년을 볼 수 있지 않을까요?

 맛보기

◑ 빈칸에 알맞은 낱말을 왼쪽 글의 주황색 낱말 중에서 찾아 써 보세요.
잘 모를 땐 💡 를 보거나, ❶∼❸에서 골라 쓰세요.

1 ⬤⬤⬤ 이 잘 살아 있는 시는 마치 리듬감 있는 동요의 가사 같아요.

💡 시에 나타나는 말소리 및 말뜻을 배열하는 양식을 말해요.

❶ 운율　　　　　❷ 운전　　　　　❸ 운반

2 감기 빨리 나으라는 친구의 문자를 보고 ⬤⬤⬤ 받았어요.

💡 깊이 느끼어 마음이 움직이는 것을 가리켜요.

❶ 감자　　　　　❷ 감동　　　　　❸ 감정

3 황진이는 예쁜 데다 시를 짓는 재주가 뛰어나서 많은 선비들이 그녀를 ⬤⬤⬤ 했어요.

💡 생각하고 그리워하는 것을 말해요.

❶ 사모　　　　　❷ 사각　　　　　❸ 사슴

4 밤에 연인의 창가에서 부르는 노래를 ⬤⬤⬤⬤⬤ 라고 해요.

💡 sere(저녁, 밤)라는 이탈리아 어에서 유래해서 '저녁 음악'이라는 뜻을 가지고 있어요.

❶ 세레나데　　　　　❷ 세발낙지　　　　　❸ 세숫대야

5 음악 ⬤⬤⬤ 실에서 모차르트의 세레나데를 들었어요.

💡 주로 예술 작품을 이해하여 즐기고 평가하는 것을 뜻해요.

❶ 금상　　　　　❷ 은상　　　　　❸ 감상

6 추석 때 모인 친척들 앞에서 제가 지은 동시를 ⬤⬤⬤ 했어요.

💡 소리 내어 글을 읽는 것을 말해요.

❶ 낭군　　　　　❷ 낭송　　　　　❸ 낭자

성민이네 반은 영어 시간에 한 명씩 돌아가며 영어로 된 짧은
글이나 시를 낭송해. 글이나 시를 소리 내어 읽거나 외는 것을 '낭송'이라고 해.
내일 영어 시간에는 성민이가 낭송할 차례야. 성민이는 어떤 글을
낭송하면 좋을지 아직 결정하지 못했단다.

소리높이 랑 朗　　월 송 誦

낭송

글이나 시를 소리 내어【朗】읽거나 욈【誦】.

학예회에서 내가 지은 시를 낭송했다.

즐길 애 愛　　월 송 誦

애송

좋아하는 글이나 노래를 즐겨【愛】읊거나【誦】 부름.

고장마다 애송되어 전해지는 민요가 있다.

선생님은 애송하는 글이나 노래를 고르면 된다고 조언해 주셨어.
'애송'은 좋아하는 글이나 노래를 즐겨 읊거나 부르는 것을 말해.

월 암 暗　　월 송 誦

암송

글을 보지 않고 소리 내어 욈.

동시를 암송하다가 그만 내용을 잊고 말았어요.

고민하던 성민이는 결국 유일하게 욀 수 있는 알파벳을 암송했단다.
'암송'은 글을 보지 않고 소리 내어 외는 것을 말해.
"A, B, C, D, E, F, G ~♪" 처음에는 어리둥절해하던 친구들도
곧 성민이와 함께 즐겁게 알파벳을 암송했어.

쏙쏙 문제

빈칸에 알맞은 낱말을 〈보기〉에서 골라 써 보세요. 　　〈보기〉 암송, 낭송, 애송

• 내 동생은 시집을 소리 내어 읽으며 ❶◯◯ 하는 것을 좋아해요.

정말 좋아하는 시는 시집을 보지 않고 외어서 ❷◯◯ 하기도 해요. 그러다 보니 동생이

즐겨 읊는 시는 우리 가족에게도 ❸◯◯ 되고 있답니다.

제 3 일 차

암(暗)에는 여러 가지 뜻이 있단다. '암'이 들어간 낱말들을 알아보자.

남몰래 암 暗 부호 호 號

낱 남몰래【暗】 사용하는 부호【號】.
교 비밀을 지키려고 당사자들끼리만 쓰는 신호나 부호.
예 암호를 말해야만 안으로 들어갈 수 있어.

산에 나무를 하러 간 알리바바는 놀라운 광경을 보게 되었어.
보물을 숨겨 두려고 온 도둑들이 동굴 문을 여는 암호를 외치고 있었거든.
'암호'는 비밀을 유지하기 위하여 당사자끼리만
알 수 있도록 만든 부호 따위를 말해.

월 암 暗 기억할 기 記

낱 어떤 것을 외어【暗】 기억함【記】.
교 본 것을 잊지 않고 머릿속으로 모두 욈.
예 책 한 권을 통째로 암기했단 말이야?

암기에 자신 있는 알리바바는
재빨리 암호를 기억해 두었단다.
'암기'는 어떤 것을 잊지 않고 머릿속으로
외는 것을 뜻해.

어두울 암 暗 검을 흑 黑

낱 어둡고【暗】 캄캄함【黑】.
교 ❶ 빛이 전혀 없어 아주 캄캄한 상태.
❷ 희망이 전혀 없어 아주 괴로운 상태.
예 전기가 끊기자 온 마을이 암흑에 휩싸였다.

알리바바가 암호를 외치자 동굴 문이 스르르 열렸어.
동굴 입구는 암흑에 뒤덮여 있었지만 안쪽에서 금은보화가 빛나고 있었지.
'암흑'은 빛이 전혀 없어 어둡고 캄캄한 상태를 말해.
또한 아주 괴롭고 비참한 상태를 가리키기도 하지. 동굴에서 가지고 온
보물을 팔아 알리바바는 가난의 암흑에서 벗어날 수 있었단다.

쏙쏙 문제

빈칸에 알맞은 낱말을 〈보기〉에서 골라 써 보세요.   〈보기〉 암흑, 암기, 암호

• 기호로 내용을 전하는 모스 부호는 ❶ ◯◯ 의 종류 중 하나예요.

• 엄마는 휴대 전화 속의 전화번호를 모두 ❷ ◯◯ 하고 있어요.

• 일제가 우리나라를 강제로 점령한 36년 동안 우리 겨레는 ❸ ◯◯ 속에서 고통받았어요.

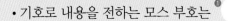

한자의 뜻과 유래에 대한 설명을 읽고, 한자를 익혀 보세요.

暗
준 4급

어두울 암

총 13획 | 부수 日, 9획

시골길의 풀벌레 소리, 냇가의 개구리 소리는 밤에 더 요란하지. 빛이 없어 어두워질수록 소리는 더 잘 들리는 법이거든. 전기가 없던 옛날에는 해가 지고 나면 앞이 깜깜해져 소리만 크게 들렸단다.

시골의 밤길.

한자 암기카드

❶ 해【日】가 지면
❷ 소리【音】만 들리며 어두워지니

해【日】가 지면 소리【音】만 들리며 어두워지니, 어두울 암.

日 + 音 = 暗
해 일 소리 음 어두울 암

밝을 명 明 어두울 암 暗

명암

단어교

❶ 밝음【明】과 어두움【暗】.
❷ 기쁜 일과 슬픈 일을 비유적으로 나타내는 말.

예) 이 사진은 명암이 너무 뚜렷하다.

意
6급

뜻 의

총 13획 | 부수 心, 9획

소리【音】로 나타나는 마음【心】이 곧 뜻이니, 뜻 의(意).
조선 태종 때 신문고라는 북이 있었어.
백성들은 북소리【音】로 자신들의 억울한 마음【心】을 알리고 임금께 직접 그 뜻【意】을 고했단다.

'한자 암기카드'를 보고 빈칸에 들어갈 말을 써 보세요.

❶◯【日】가 지면 ❷◯◯【音】만 들리며 어두워지니, 어두울 암(暗).

暗의 뜻은 어 둡 다 이고, 음은 ❸◯ 입니다.

暗의 어원을 생각하면서 필순에 따라 써 보세요.

暗 暗 暗 暗 暗 暗 暗 暗 暗 暗 暗 暗

暗 暗 暗 暗 暗

제 3 일차

1

❶~❹의 뜻을 가진 낱말이 되도록 거미 등의 빈칸에 알맞은 글자를 쓰세요.

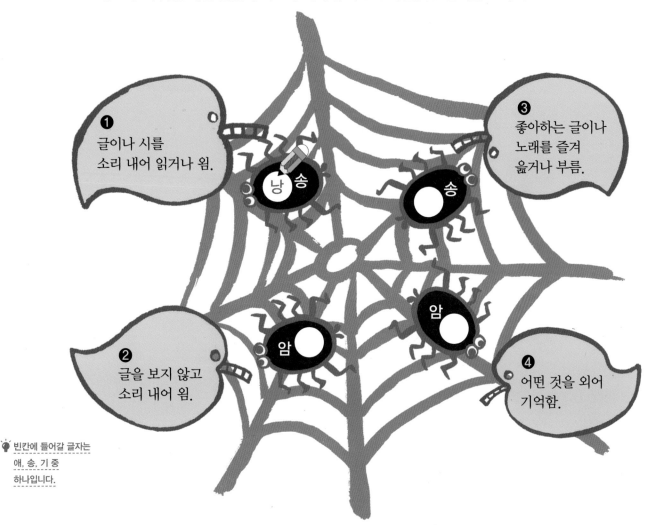

❶ 글이나 시를 소리 내어 읽거나 욈.

낭 송

❸ 좋아하는 글이나 노래를 즐겨 읊거나 부름.

○ 송

❷ 글을 보지 않고 소리 내어 욈.

암 ○

암 ○

❹ 어떤 것을 외어 기억함.

💡 빈칸에 들어갈 글자는 애, 송, 기 중 하나입니다.

2

양쪽 한자에 공통으로 들어 있는 글자를 ❶~❹에서 고르세요.

❶ 今 ❷ 音 ❸ 衣 ❹ 石

어두울 암

뜻 의

돋보기2 내 밤새 자네의 시를 감상 했네.

영화나 음악, 공연, 그림 등의 예술 작품을 보고 즐기는 일을
'감상'이라고 해. 민정이의 장래 희망은 화가란다.
취미는 두말할 필요도 없이 그림 그리기와 그림 감상이지.
동네 문화 회관에서 주최하는 무료 전시회에는 빠짐없이 참석한단다.

살필 감 鑑   즐길 상 賞

감상

낱 예술 작품을 살펴보고【鑑】즐김【賞】.
교 영화, 음악, 미술 따위의 예술 작품을 즐기는 것.
예 음악 시간에 베토벤의 운명 교향곡을 감상했어요.

살필 감 鑑   정할 정 定

감정

낱 살펴서【鑑】물건이 진짜인지 아닌지를 정함【定】.
교 물건의 좋고 나쁨을 따지거나 진짜와 가짜를 가리는 것.
예 전문가들의 감정에 의하면 이 그림은 고려 시대의 것이라고 한다.

민정이가 그림을 좋아하게 된 것은 아빠의 영향일 거야.
민정이 아빠는 오래된 미술품이 진짜인지 아닌지 감정하는
일을 하시거든. '감정'은 물건의 질과 가치를 따지거나
진짜와 가짜를 가리는 일을 말해. 골동품이나 보석은 가짜가
많기 때문에 전문적으로 감정하는 사람이 필요하단다.

그림 도 圖   살필 감 鑑

도감

낱·교 실물 대신 그림【圖】이나 사진으로 살펴볼【鑑】수
있도록 만든 책.
예 과학 도감에 나온 그림을 보며 별자리에 대해 예습했어요.

민정이 아빠는 정확히 감정하기
위해서 항상 공부를 하시지.
공부에 참고하는 책은 바로
명화 도감이야. '도감'은 그림이나
사진을 모아 실물 대신
볼 수 있도록 엮은 책을 말해.

그림 도감.

쏙쏙 문제!

빈칸에 알맞은 낱말을 〈보기〉에서 골라 써 보세요.   〈보기〉 도감, 감상, 감정

• 박물관의 철저한 ❶⬭⬭ 에 의해 이 도자기는 진짜 고려청자라는 것이 밝혀졌어요.

• 내 짝과 나는 영화 ❷⬭⬭ 이 취미여서 영화관에 함께 갈 때가 많아요.

• 버섯의 종류를 조사하기 위해 식물 ❸⬭⬭ 을 샀어요.

'감상(鑑賞)'과 '감상(感想)'은 글자는 같지만 뜻이 다른 낱말이란다.
예술 작품을 살펴보고【鑑】 즐기는【賞】 것은 '감상(鑑賞)', 무언가를 보거나 겪고 나서 드는 느낌【感】과
생각【想】은 '감상(感想)'이라고 해. '감상(感想)'과 '느낄 감(感)'이 들어간 낱말을 알아보자.

공연을 보고 감상문을 제출하는 숙제를 하기 위해 발레를 보러 갔어요.
하늘을 나는 듯한 무용수들의 몸짓에 모두들 감탄했지요.
공연이 끝나고 관객들이 일어서서 박수를 보내자 감격한 무용수들은
몇 번이나 인사를 했답니다.

느낄 감感 생각 상想 글월 문文

감상문

낱》 느낌【感】과 생각【想】을 적은 글【文】.
교》 보고 듣고 겪은 느낌을 적은 글.
예》 동화책을 읽고 감상문을 써 오세요.

감상(感想)을 글로 적은 것을 말해.
영화를 감상(鑑賞)한 뒤,
그 느낌을 적은 것이 '영화 감상문'이야.

오오, 훌륭해! 감탄이 절로 나와!

느낄 감感 칭찬할 탄歎
감탄

낱》교》 마음속 깊이 느끼어【感】 칭찬함【歎】.
예》 태수의 용감한 행동에 아이들 모두 감탄했다.

마음속 깊이 크게 느끼고 감동하여
칭찬하는 것을 '감탄'이라고 해.
금강산의 아름다운 풍경을 보면 누구나
감탄하지 않을 수 없지.

애들이 이렇게 잘하다니 정말 감격했어요!

느낄 감感 격할 격激
감격

낱》 마음속 깊이 느껴지는【感】 격한【激】 감정.
교》 마음이 크게 움직여 뭉클한 느낌이 솟구쳐 오르는 것.
예》 헤어졌던 가족들이 서로 얼싸안고 감격의 눈물을 흘렸다.

'감격'은 눈물이 찔끔 날 정도로 굉장히
기쁘거나 고마운 느낌을 말해.
우리나라가 광복을 맞이했을 때,
온 국민은 태극기를
휘날리며 감격의 눈물을 흘렸단다.

쏙쏙 문제

빈칸에 알맞은 낱말을 〈보기〉에서 골라 써 보세요.   〈보기〉 감격, 감상, 감탄

· 영희의 그림 솜씨에 ❶⬚⬚⬚ 한 미술 선생님이 화가가 되라고 권유했어요.

· 처음으로 사과를 수확해 본 ❷⬚⬚⬚ 을 일기에 적었어요.

· 북한이 고향인 할머니는 남북한이 함께 입장하는 모습을 보고 ❸⬚⬚⬚ 해서 눈물을 흘렸어요.

感 ^{6급}

느낄 감

총 13획 | 부수 心, 9획

보지도, 듣지도, 말하지도 못하는 헬렌 켈러는 말을
배우기가 참 힘들었어. 설리번 선생님은 온 힘을 다해【咸】
마음【心】을 써서 헬렌을 가르쳤어.
그 덕분에 헬렌은 선생님의 사랑을 느낄【感】 수 있었단다.
'다 함(咸)'은 동네의 개【戌】들은 한 마리만 짖어도【口】
모두 다【咸】 짖는다는 데서 '다, 모두'라는 뜻이 생겼어.

한자 **암 기 카 드**

❶ 온 힘을 다해【咸】

❷ 마음【心】을 쓰면 느껴지니

온 힘을 다해【咸】 마음【心】을 쓰면
느껴지니, 느낄 감.

咸 + 心 = 感
다 함　　마음 심　　느낄 감

減 ^{준4급}

덜, 줄어들 감

총 12획 | 부수 氵, 9획

물【氵】기를 다【咸】 빼면 줄어드니,
덜 감, 줄어들 감(減).
찜질방의 사우나에서 땀을 쪽 빼고 난 뒤
몸무게를 재면 체중이 줄어든 경우가
있을 거야. 몸속의 물기를 빼고 나니
몸무게가 줄어드는 거야.

아이, 시원해!
땀을 쏙 뺐네!

나처럼 사우나를 해 봐요!
체중이 줄어든다니까.

글쎄, 물 마시면
되돌아온다니까~.

'한자 암기카드'를 보고 빈칸에 들어갈 말을 써 보세요.

온 힘을 ❶○○【咸】 ❷○○【心】을 쓰면 느껴지니, 느낄 감(感).

感의 뜻은 느 끼 다 이고, 음은 ❸○ 입니다.

感의 어원을 생각하면서 필순에 따라 써 보세요.

感 感 感 感 感 感 感 感 感 感 感 感 感				
感	感	感	感	感

제4일차

1

❶~❸에서 사다리를 타면 같은 색의 빈칸이 나와요.

❶~❸의 뜻에 맞는 낱말이 되도록 빈칸에 알맞은 글자를 쓰세요.

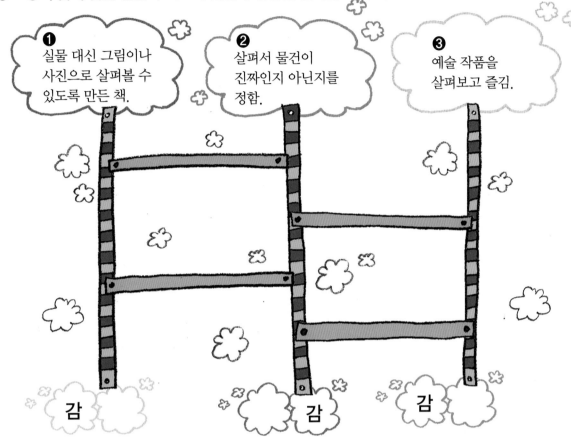

❶ 실물 대신 그림이나 사진으로 살펴볼 수 있도록 만든 책.

❷ 살펴서 물건이 진짜인지 아닌지를 정함.

❸ 예술 작품을 살펴보고 즐김.

💡 사다리 타기가 어려우면 같은 색의 빈칸을 찾아가세요.

감   감   감

2

〈보기〉에서 설명하는 한자를 빈칸에 각각 쓰세요.

〈보기〉 ❶ 온 힘을 다해 마음을 쓰면 느껴지니, 느낄 감.

❷ 물기를 다 빼면 줄어드니, 덜 감, 줄어들 감.

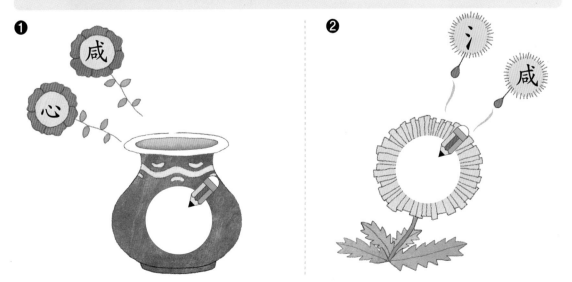

💡 바깥쪽에 있는 글자들을 합치면 한자의 모양을 알 수 있어요.

비슷해서 틀리기 쉬운 말 비교해서 틀리지 말자

6월 20일 토요일

✔ '온 가족'으로 띄어 써야 해.

'뜨거워서'로 쓰렴.

온가쪽이 추어탕을 먹으러 갔다. 추어탕이 너무 (뜨거서) 나는

'식혔다'가 맞아.

국물을 후후 불어 (시켰다.) 미꾸라지튀김도 시켜서 함께 먹었

'걸쭉해서'가 옳은 표현이야.

다. 나는 추어탕 국물이 너무 (걸죽해서) 싫다. 그래서 추어탕

대신 튀김을 많이 먹었다.

* 이 글은 초등학교 3학년 어린이가 쓴 일기입니다.

국은 '식히고', 일은 '시키고'

뜨거운 국을 먹을 때
더운 기가 없어지도록 부채질을 하곤 하지?
이럴 때에는 '시키다'가 아니라 '식히다'라고 쓴단다.
땀이 마르거나 더 흐르지 않게 할 때에도 '식히다'라고 써.
'시키다'는 남에게 어떤 일이나
행동을 하게 할 때 쓰는 거야.

일 좀 그만
시켰으면 좋겠어~

부채로 뜨거운
물을 식혀요~

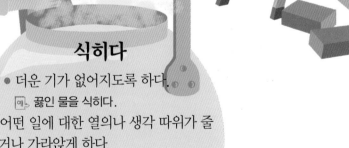

시키다

● 어떤 일이나 행동을 하게 하다.
  예 일꾼들에게 담을 제대로 쌓도록 시켰다.
● 음식 따위를 만들어 오거나 가지고 오도록 주문하다.
  예 어머니는 중국집에 자장면 두 그릇을 시키셨다.

식히다

● 더운 기가 없어지도록 하다.
  예 끓인 물을 식히다.
● 어떤 일에 대한 열의나 생각 따위가 줄거나 가라앉게 하다.
  예 차를 한 잔 마시며 분노를 식히고 있었다.
● 땀이 마르거나 더 흐르지 않도록 하다.
  예 부채를 부쳐 땀을 식혔다.

1 주어진 뜻에 해당하는 낱말을 ❶~❹에서 골라 ◯표 하세요.

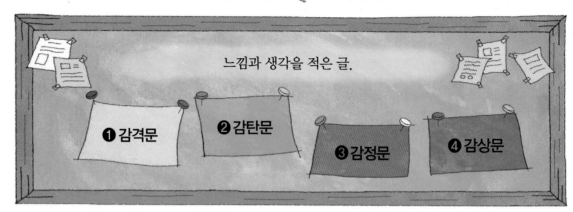

느낌과 생각을 적은 글.

❶ 감격문 ❷ 감탄문 ❸ 감정문 ❹ 감상문

2 아래 문장의 빈칸에 들어갈 낱말을 우산에서 찾아 바른 순서대로 쓰세요.

❶ 춤, 연극, 음악처럼 정해진 모양이 없는 문화재를 ◯◯ 문화재라고 해요.

❷ 문화적 가치가 뛰어난 재산인 ◯◯◯는 공공 기관에서 보살펴요.

❸ 책, 건축물처럼 모양이 있는 문화재를 ◯◯ 문화재라고 해요.

화 무 문 유

형 재 형

3 〈보기〉의 한자를 완성하려면 어떤 길로 가야 할지 알맞은 글자를 따라 선을 긋고, 완성된 한자를 빈칸에 쓰세요.

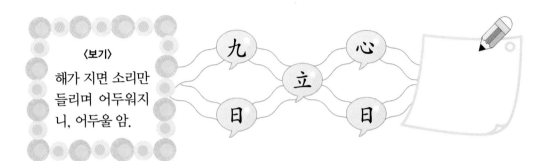

〈보기〉
해가 지면 소리만 들리며 어두워지니, 어두울 암.

九 心 立 日 日

4 돌담 안에 든 낱말 가운데 ❶~❸의 뜻에 맞는 낱말을 찾아 ◯로 묶고, 빈칸에 낱말을 쓰세요.

친 횡 재 명 공 주 약
교 유 입 산 암 호 감

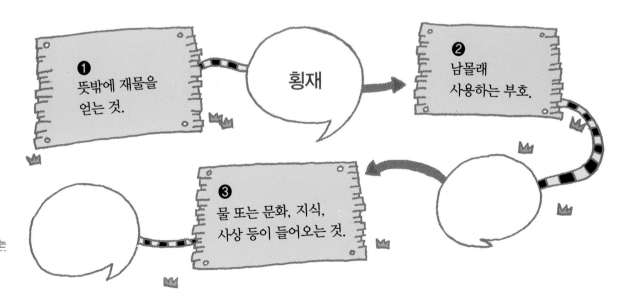

❶ 뜻밖에 재물을 얻는 것.

횡재

❷ 남몰래 사용하는 부호.

❸ 물 또는 문화, 지식, 사상 등이 들어오는 것.

💡 나란히 붙어 있는 두 글자로 된 낱말이에요.

1~5 다음 글을 읽고 물음에 답하세요.

> 실크 로드를 통해 동양과 서양은 ㉠물건과 문화를 주고받았어요. 중앙아시아나 서아시아의 상인들은 실크 로드를 통해 악기나 향료 등을 중국에 가지고 왔습니다. 중국에 ㉡흘러들어 온 새로운 물건은 왕실과 귀족들의 넋을 빼놓았죠. 심지어 상인들이 입은 옷이나 모자, 신발마저 크게 ㉢(   )했어요. 실크 로드는 동서양의 ㉣교역품을 전달하는 길인 동시에 서로의 문화가 ㉤유통되는 길이었답니다.

1. ㉠과 같은 뜻을 가진 낱말을 고르세요. (   )

   ❶ 풍류   ❷ 조류   ❸ 곡류
   ❹ 교류   ❺ 물류

2. ㉡과 같은 뜻을 가진 낱말을 고르세요. (   )

   ❶ 출입   ❷ 유입   ❸ 잠입
   ❹ 납입   ❺ 매입

3. 〈보기〉의 뜻을 읽고 ㉢에 들어갈 낱말을 두 글자의 낱말로 쓰세요.

   〈보기〉 어떠한 양식이나 현상 등이 널리 퍼지는 것.   (   )

4. ㉣의 한자로 바른 것을 고르세요. (   )

   ❶ 敎易   ❷ 校易   ❸ 交易   ❹ 喬易   ❺ 交力

5. ㉤의 뜻으로 바른 것을 고르세요. (   )

   ❶ 물건이나 문화가 흘러들어 오는 것.
   ❷ 친하게 사귀는 것.
   ❸ 물건이 생산지에서 소비자에게 옮겨 가는 것.
   ❹ 주로 나라와 나라 간에 물건을 사고파는 일.
   ❺ 서로 느낌을 주고받음.

6. 밑줄 친 낱말 가운데 '재산 재(財)'가 쓰이지 <u>않은</u> 낱말을 고르세요. (   )

❶ 자동판매기에서 동전을 발견하고 **횡재**한 기분이 들었어요.

❷ 용돈을 털어 어린이 **재단**에 기부금을 냈어요.

❸ 신라의 수도였던 경주는 온 도시가 **문화재**로 가득하답니다.

❹ 큰형은 국가의 **재무**를 담당하는 부서에서 일하고 있어요.

❺ 어린이 신문사의 기자로 뽑혀 박물관으로 **취재**를 나가게 되었어요.

7. 서로 관계있는 것끼리 연결하세요.

(1) 조개가 바탕이 되어 재물을 이루니, 재물 재.   •   • 減

(2) 머리에 갓을 쓰고 나간 아버지들이 서로 사귀니, 사귈 교. •   • 財

(3) 해가 지면 소리만 들리며 어두워지니, 어두울 암.   •   • 感

(4) 온 힘을 다해 마음을 쓰면 느껴지니, 느낄 감.   •   • 暗

(5) 물기를 다 빼면 줄어드니, 줄어들 감.   •   • 交

8. 서로 관계있는 것끼리 연결하세요.

(1) 느낌과 생각.   • 감상(感想)

(2) 예술 작품을 살펴보고 즐기는 일.   • 감상(鑑賞)

(3) 살펴서 물건이 진짜인지 아닌지를 정함.   • 감정(鑑定)

9~10 밑줄 친 낱말은 잘못 쓰인 것입니다. 고쳐 쓸 낱말을 고르세요.

9. 국어 시간에 각자가 좋아하는 시를 앞에 나가 **암호**했어요.   (   )

❶ 상호   ❷ 구호   ❸ 명암   ❹ 암송   ❺ 암흑

10. 할아버지가 평소에 **전송**하는 가곡이 라디오에서 흘러나왔어요.   (   )

❶ 청송   ❷ 발송   ❸ 배송   ❹ 소송   ❺ 애송

슛~!
골인!

너 축구 좋아하지?

축구 경기에서 박지성 선수가 골^{goal}을 넣었을 때는

나도 모르게 벌떡 일어나서 소리치게 되잖아.

이처럼 골^{goal}이란 말은 공을 넣어 득점한다는 뜻이야.

또는 골문, 즉 골을 넣는 표적 그 자체를 가리키기도 하지.

또 골을 넣어 득점하는 경우를 골인 **goal in**이라고 말하기도 하는데

말 그대로 공이 골 안으로 들어가서 득점하게 되는 경우에 쓰이는 말이지.

goal
골문

+

in
안

→

goal in
골인

그럼 오늘은 골^{goal}이란 말이 들어간 축구 용어들을 알아볼까?

goal keeper

키퍼^{keeper}는 지키는 사람이란 뜻이야.
그럼 골키퍼^{goal keeper}는 무엇을
지키는 사람일까? 그렇지,
골키퍼^{goal keeper}니까 당연히 '골문을
지키는 선수'를 말하는 거지.

goal post

포스트^{post}는
기둥이란 뜻이야.
골포스트^{goal post}는 뭘까?
맞아, 골문에
세워진 기둥, 즉
'골대^{goal post}'를 말하는
거란다.

goal line

골라인^{goal line}은 경기장에서
골대^{goal post}와 나란히 그어진
'경계선'을 말해. 공이 상대편에 의해
골라인^{goal line} 밖으로 벗어났을 때
골라인 아웃^{goal line out}과
골킥^{goal kick}이 선언되지.

goal net

네트^{net}는 그물이라는 뜻이니까,
골네트^{goal net}는 '골포스트^{goal post}에
친 그물'을 말해. 골인^{goal in}이 되었을 때
골네트^{goal net}가 출렁거리잖아.

콕콕 정답

제1일차

05쪽 1. 보유자 2. 신방 3. 전승자
4. 문화재 5. 교류 6. 주선
06쪽 ❶ 유형 ❷ 문화재 ❸ 무형
07쪽 ❶ 재산 ❷ 재무 ❸ 재단
08쪽 ❶ 조개 ❷ 바탕 ❸ 재

09쪽

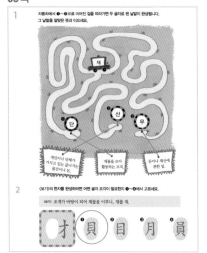

제2일차

10쪽 ❶ 교역 ❷ 친교 ❸ 교류
11쪽 ❶ 유통 ❷ 유입 ❸ 유행
12쪽 ❶ 머리 ❷ 아버지 ❸ 교

13쪽

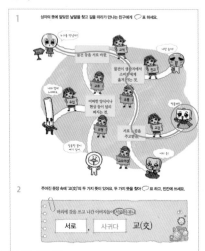

제3일차

17쪽 1. 운율 2. 감동 3. 사모
4. 세레나데 5. 감상 6. 낭송
18쪽 ❶ 낭송 ❷ 암송 ❸ 애송
19쪽 ❶ 암호 ❷ 암기 ❸ 암흑
20쪽 ❶ 해 ❷ 소리 ❸ 암

21쪽

제4일차

22쪽 ❶ 감정 ❷ 감상 ❸ 도감
23쪽 ❶ 감탄 ❷ 감상 ❸ 감격
24쪽 ❶ 다해 ❷ 마음 ❸ 감

25쪽

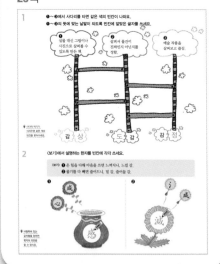

제5일차

도전! 어휘왕
28-29쪽

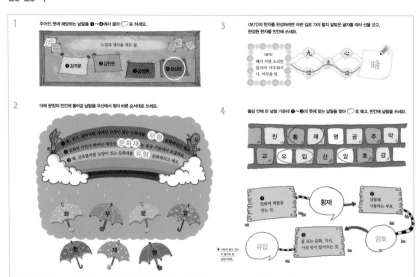

평가 문제
30-31쪽 1. ❹ 2. ❷ 3. 유행 4. ❸ 5. ❸ 6. ❺ 7. (1) 財 (2) 交 (3) 暗 (4) 感 (5) 減
8. (1) 감상(感想) (2) 감상(鑑賞) (3) 감정(鑑定) 9. ❹ 10. ❺

판소리와 관련된 말들

판소리는 예부터 내려오는 우리 소리야. 잘 들어 보면 〈심청가〉,
〈흥부가〉처럼 우리가 아는 옛이야기도 많아.
북 치는 사람과 소리하는 사람 둘이서 손짓 발짓을 하며
흥겹게 들려주는 판소리, 그에 관련된 말들을 알아볼까?

광대	판소리에서 광대는 소리하는 사람을 뜻해. 줄타기나 인형극 따위를 하는 사람들도 광대라고 불러.
고수	북이나 장구를 치는 사람을 말해. 광대가 소리하기 편하게 장단을 맞춰 주고 반주를 넣어 주는 일을 해. 추임새를 하기도 해.
소리	창이라고 하는데 가락에 맞추어 부르는 노래야. 판소리에서 아니리, 발림과 함께 3대 요소로 꼽혀.
아니리	가락은 붙이지 않고 고수의 북장단과 추임새에 맞추어 등장하는 여러 인물이 주고받는 이야기나 상황 설명, 우스갯소리 등을 재미있게 말하듯 하는 대목이야. 아니리를 하는 동안 청중은 잠깐 쉬면서 가볍게 들을 수 있어.
발림	광대가 소리하는 도중에 앉거나 서면서 여러 가지 시늉도 하고 춤도 추는 등의 몸동작을 말해. 부채를 손에 들고 폈다 접었다 하면서 여러 동작을 하기도 해.
추임새	판소리를 들을 때 북 치는 고수나 청중이 광대의 흥을 돋우고 다음 장면을 끌어내기 위해 '좋다', '좋지', '얼씨구', '으이' 등의 소리를 내는 것을 말해. 어떤 때는 상대방이 할 대사를 추임새로 넣기도 해.
득음	판소리에서 모든 소리를 자유자재로 낼 수 있는 경지를 말해. 과거 명창들은 폭포나 굴에서 3, 4년간 혼자 지내며 피나는 수련 끝에 득음을 했다고 해. 득음을 하면 목소리가 웅장하고 쾌활해지며 몇 시간이라도 마음대로 노래할 수 있대.
장단	길고 짧은 박자를 말해. 판소리 장단에는 진양조, 중모리, 엇중모리, 중중모리, 엇모리, 자진모리, 휘모리가 있는데 진양조가 가장 느리고 휘모리가 가장 빨라.
서편제	조선의 명창인 박유전에서 비롯된 판소리의 한 갈래로 섬진강 서쪽, 그러니까 보성, 광주, 나주 따위에서 많이 불렀어. 기교가 많으며 음색이 곱고 소리가 애절해.
동편제	조선의 명창 송흥록에서 비롯된 판소리의 한 갈래로 호남의 동쪽인 운봉, 구례, 순창, 흥덕 등지에서 발달했어. 기교가 적고 소리가 소박해.

마법의 상위권 어휘 스스로 평가표

01

다음 중 뜻을 자신 있게 말할 수 있는 낱말은 ○표, 알쏭달쏭한 낱말은 △표, 자신 없는 낱말은 ×표 하세요.

문화재 (　　　)　│　교류 (　　　)　│　낭송 (　　　)　│　감상 (　　　)

02

다음 중 뜻과 음을 자신 있게 말할 수 있는 한자는 ○표, 알쏭달쏭한 한자는 △표, 자신 없는 한자는 ×표 하세요.

財 (　　　)　交 (　　　)　│　暗 (　　　)　感 (　　　)

03

〈평가 문제〉를 모두 풀고 정답을 확인해 보세요. 10문항 중 내가 맞힌 문항 수는 몇 개인가요?

❶ 9-10문항 (　　　)　❷ 7-8문항 (　　　)　❸ 5-6문항 (　　　)　❹ 3-4문항 (　　　)　❺ 1-2문항 (　　　)

| 부모님과 선생님께 |

위에서 어린이가 스스로 적은 내용을 보고, 어린이가 어려워하는 부분을 함께 보면서 어휘의 뜻과 쓰임을
이해할 수 있도록 해 주세요.

어휘를 알아야 만점을 잡는다!

스토리텔링식 신교과서 학습을 위한

마법의 상위권 어휘

제 2 호

어휘가 쑥쑥 자라요.

부모님과 선생님께서는 이렇게 지도해 주세요

제 1 일차	제 2 일차	제 3 일차	제 4 일차	제 5 일차
달나라 여행을 준비하는 이야기를 읽고, 대표 어휘 '금속'과 한자 '金'을 익힙니다. '금속'에서 확장된 여러 낱말의 뜻을 스스로 추론해 보도록 지도해 주세요.	대표 어휘 '연료'의 뜻과 한자 '火'를 익히고, 관계있는 낱말도 함께 익힙니다. 다지기 문제를 풀어 보고, '덜미를 잡히다'라는 표현도 익히도록 해 주세요.	에어카를 타고 출발하는 이야기를 읽고, 대표 어휘 '교통'과 한자 '疸'을 익힙니다. '교통'에서 확장된 여러 낱말의 뜻을 스스로 추론해 보도록 지도해 주세요.	대표 어휘 '위반'의 뜻과 한자 '反'을 익히고, 관계있는 낱말도 함께 익힙니다. 다지기 문제를 풀어 보고, '졸이다'와 '조리다'를 구별하여 쓰도록 해 주세요.	재미있는 게임 문제와 학교 시험 유형의 평가 문제를 풀며 어휘 실력을 다집니다. '스탠드(stand)'와 구성 원리가 비슷한 영어 단어들도 함께 익히도록 해 주세요.

이런 내용을 배워요!

어린이날을 맞아 달나라 여행을 가기로 했어요.
달 왕복선을 타기로 한 날 아침, 아빠와 나는
에어카를 손질하며 출발 준비를 서둘렀어요.

어휘랑 놀자 1

아름답고 **구**금한 우리말 **이**야기

덜미를 잡히다

제 1 일차

교과서 학습 어휘 01
맛보기
돋보기1
한자가 술술
다지기

금속
금관 악기 금융
부속 소속 전속

제 2 일차

돋보기2
한자가 술술
다지기

연료
시동 엔진
정비 점화 과속

金

銀

火

災

에어카를 운전하던 엄마는 너무 신이 나서
과속을 하고 말았지만 무사히 우주 정거장에 도착했어요.
달나라 여행, 잘 다녀올게요.

제 **3** 일차

교과서 학습 어휘 02

맛보기

돋보기1

한자가 술술

다지기

교통

항구 대합실
체증 통증 증상 갈증

症

어휘랑 놀자 3
밀 래·어로 배우는 워 word 드 라 고요!
스탠드(stand)

제 **5** 일차

도전! 어휘왕

평가 문제

위반

규정 주의
반칙 반격 반전

제 **4** 일차

돋보기2

한자가 술술

다지기

어휘랑 놀자 2
비 슷해서 틀 리기 쉬운 말 비 교해서 틀 리지 말자
마음은 '졸이고', 생선은 '조리고'

反 板

◑ 글 속의 주황색 낱말들은 무슨 뜻일까요? 잘 생각하면서 다음 글을 읽어 보세요.

오늘은 2055년 5월 5일.

어린이날을 맞아 온 가족이 달나라 여행을 가기로 한 날이에요.

오전 10시에 출발하는 달 왕복선을 예약해 두었어요.

달 왕복선을 타기 전에 지구를 벗어나 달에 다녀오겠다고 우주 정거장에서 신고해야 해요.

신고하려면 시간이 걸리기 때문에 우리는 일찍 일어나 외출 준비를 시작했어요.

달 왕복선이 출발하는 우주 정거장까지는 에어카를 타고 갈 거예요.

아빠는 어느새 준비를 마치고 차고에서 에어카를 손질하고 계세요.

우리 에어카는 2015년에 생산된 모델이에요.

세계에서 단 100대밖에 없는 희귀한 모델이라 아빠가 무척 애지중지하신답니다.

아빠가 어릴 때는 날개 달린 차를 찾아보기 힘들었다고 해요.

물속을 달리는 자동차도 없었대요.

녹슬지 않는 금속이 개발되기 전이었기 때문이라고 해요.

날지도 못하고 헤엄도 못 치는,

땅 위로만 달리는 자동차라니, 얼마나 불편했을까요.

차고로 가 보니 아빠가 압축 공기를 에어카에 넣고 계셨어요.

아빠는 지구의 공기가 이렇게 깨끗해진 것은

무공해 연료를 사용하게 된 덕분이라고 하셨어요.

'한 번만 더 들으면 백 번째라고요, 아빠!' 하고 말하려는데

엄마와 동생이 차고로 왔어요.

(다음 지문으로 계속)

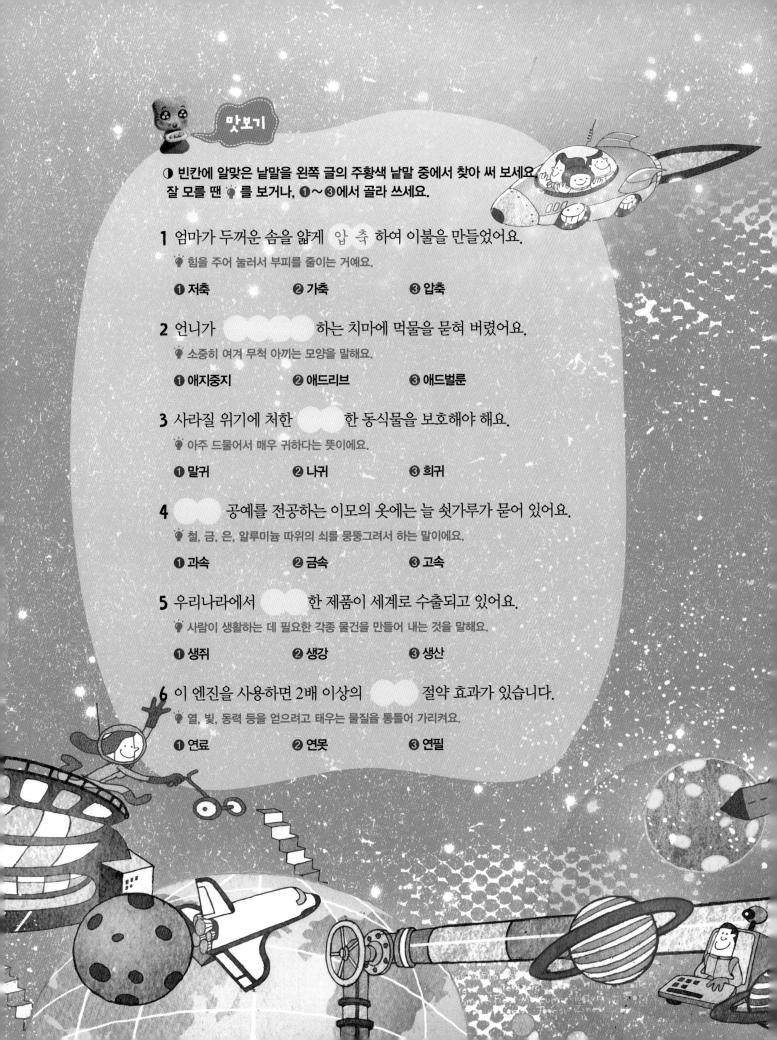

맛보기

◑ 빈칸에 알맞은 낱말을 왼쪽 글의 주황색 낱말 중에서 찾아 써 보세요. 잘 모를 땐 💡를 보거나, ①~③에서 골라 쓰세요.

1 엄마가 두꺼운 솜을 얇게 압 축 하여 이불을 만들었어요.

💡 힘을 주어 눌러서 부피를 줄이는 거예요.

① 저축　　　　　② 가축　　　　　③ 압축

2 언니가 ⬤⬤⬤⬤ 하는 치마에 먹물을 묻혀 버렸어요.

💡 소중히 여겨 무척 아끼는 모양을 말해요.

① 애지중지　　　　② 애드리브　　　　③ 애드벌룬

3 사라질 위기에 처한 ⬤⬤ 한 동식물을 보호해야 해요.

💡 아주 드물어서 매우 귀하다는 뜻이에요.

① 말귀　　　　　② 나귀　　　　　③ 희귀

4 ⬤⬤ 공예를 전공하는 이모의 옷에는 늘 쇳가루가 묻어 있어요.

💡 철, 금, 은, 알루미늄 따위의 쇠를 뭉뚱그려서 하는 말이에요.

① 과속　　　　　② 금속　　　　　③ 고속

5 우리나라에서 ⬤⬤ 한 제품이 세계로 수출되고 있어요.

💡 사람이 생활하는 데 필요한 각종 물건을 만들어 내는 것을 말해요.

① 생쥐　　　　　② 생강　　　　　③ 생산

6 이 엔진을 사용하면 2배 이상의 ⬤⬤ 절약 효과가 있습니다.

💡 열, 빛, 동력 등을 얻으려고 태우는 물질을 통틀어 가리켜요.

① 연료　　　　　② 연못　　　　　③ 연필

철, 구리, 금처럼 단단하고 광택이 있는 물질을
뭉뚱그려서 '금속'이라고 해.
금속은 농기구나 무기로 사용되며 인간의 역사에 큰 역할을 담당해 왔어.
금, 은과 같은 금속은 보석으로 대접받으며 장신구로도 활용되고,
부(富)의 바탕이 되기도 했어.

금속 기구.

쇠 금 金   무리 속 屬

금속

낱 쇠【金】에 속하는 무리【屬】.
교 철, 금, 은, 알루미늄 따위의 쇠를 뭉뚱그려서 하는 말.
예 금속은 열이나 전기를 잘 전달하는 성질을 가지고 있어요.

낱 은 낱글자 풀이,
교 는 교과서의 뜻이야!

쇠 금 金   대롱 관 管   음악 악 樂   그릇 기 器

금관 악기

낱 쇠【金】로 만든 대롱【管】 모양의 악기(樂器).
교 트럼펫이나 트롬본처럼 쇠붙이로 만든 관악기.
예 우렁차고 시원한 소리가 나는 트럼펫은 금관 악기의 꽃으로 불려요.

빰빠라빰~♪
나는 트럼펫! 금관 악기야!
'팡파르'에 사용해.

금속은 악기의 재료로도 쓰여. 금속으로 만든 긴 관을 입으로 불어서
소리를 내는 '금관 악기'가 대표적인 경우야. 이집트의 피라미드에서
발견되었다는 트럼펫은 금관 악기 중에서 가장 오래된 악기란다.

금관 악기인 트럼펫.

'금(金)'은 돈을 뜻하는 글자에도 쓰인단다. 마을금고, 은행 따위에서
기간을 정해 놓고 돈을 빌려 주거나 빌려 쓰는 일을 통틀어 '금융'이라고 해.

돈 금 金   화할 융 融

금융

낱 돈【金】이 이곳에서 저곳으로 오가며 섞이는【融】 일.
교 은행 같은 곳에서 돈을 빌려 주거나 빌려 쓰는 일을 두루 이르는 말.
예 금융 기관은 현금을 나를 때 경찰에게 보호를 요청해요.

금융 거래.

쏙쏙 문제

빈칸에 알맞은 낱말을 〈보기〉에서 골라 써 보세요.   〈보기〉 금속, 금융, 금관

• 소리가 아름다운 트롬본은 금속으로 만들어진 ❶◯◯ 악기예요.

• 은행, 증권 회사 등은 ❷◯◯ 에 관한 일을 하는 곳이에요.

• 도구 상자 속의 못과 나사는 ❸◯◯ 으로 만들어졌어요.

가래떡은 떡 대학 부속 초등학교를 졸업한 선배 중
제일 유명한 사람이야.
'부속'은 주된 물건이나 기관에 딸려서 속한 것을 말해.
'시계 부속'처럼 기계나 물건을 이루는 일부분을 말하기도 한단다.

붙을 부 附　붙을 속 屬

부속

낱｜교 물건이나 기관에 딸려【附】 붙은【屬】 것.
예 대학교 부속 병원에서 진찰을 받았어요.

바 소 所　붙을 속 屬

소속

낱 모임이나 단체에 속하는【屬】 것【所】.
예 농구부에 소속되려면 키가 커야 해요.

어떤 단체나 기관에 속하는 것을 '소속'이라고 해.
가래떡이 소속된 회사는 '떡방앗간 기획사'란다.
또한 떡 마을 연예인 협회에 소속되어 있기도 해.

최고 스타 가래떡에게는 전속 코디네이터가 있어.
'전속'은 오직 한 곳에만 속하는 것을 말해.
가래떡의 전속 코디네이터는 다른 사람과는
일하지 않고 오직 가래떡과 관련된 일만 한단다.

오로지 전 專　붙을 속 屬

전속

낱 오로지【專】 한 곳에만 속함【屬】.
교 한 기관이나 단체에만 속하는 것.
예 이모는 MBS 방송국 전속 탤런트예요.

쏙쏙 문제

빈칸에 알맞은 낱말을 〈보기〉에서 골라 써 보세요.　〈보기〉 전속, 부속, 소속

• 잃어버린 줄 알았던 장난감 기차의 ❶◯◯ 을 침대 밑에서 발견했어요.

• 축구부 ❷◯◯ 이었던 형은 달리기를 잘해서 육상부로 옮겼어요.

• 이번에 뽑힌 신인 가수는 기획사와 2년간 ❸◯◯ 계약을 맺었어요.

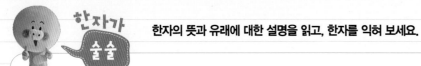

金
^{8급}

쇠, 금 금

총 8획 | 부수 金

쇠붙이가 귀했던 옛날에는 쇠【金】를 잘 다루거나
많이 가진 사람이 왕이 되었단다.
또한 왕이 된 사람은 자신이 왕임을 강조하기 위해
반짝이는 금(金)으로 자신을 꾸몄어.

한자 **암기카드**

❶ 사람【人】이
❷ 왕【王】이 되면
❸ 반짝이는【丷】 쇠와 금으로 꾸미니

사람【人】이 왕【王】이 되면 반짝이는【丷】
쇠와 금으로 꾸미니, 쇠 금, 금 금.

人 + 王 + 丷 = 金
사람 인   임금 왕   (반짝이는 것)   쇠 금, 금 금

銀
^{6급}

은 은

총 14획 | 부수 金, 6획

금【金】 다음에 머물러【艮】 있는 보석이니, 은 은(銀).
보석의 최고는 금이고, 그다음은 은이지.
'간(艮)'은 '그치다, 머무르다'의 뜻을 가지고 있어.
같은 보석이라도 은(銀)은 항상 금(金) 다음에
머무르니까【艮】 말이야.

나는 은메달!
나는 금메달!

'한자 암기카드'를 보고 빈칸에 들어갈 말을 써 보세요.

❶ ◯◯【人】이 ❷ ◯【王】이 되면 ❸ ◯◯◯◯【丷】 쇠와 금으로 꾸미니, 쇠 금, 금 금(金).

金의 뜻은 쇠 , 금 이고, 음은 ❹ ◯ 입니다.

金의 어원을 생각하면서 필순에 따라 써 보세요.

金 金 金 金 金 金 金 金

| 金 | 金 | 金 | 金 | 金 | | |

1

❶～❸에서 사다리를 타면 같은 색의 빈칸이 나와요.
❶～❸의 뜻에 맞는 낱말이 되도록 빈칸에 알맞은 글자를 쓰세요.

제 **1** 일 차

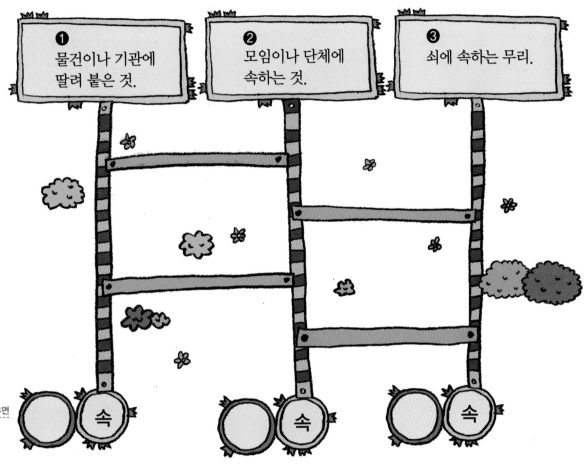

> ❶
> 물건이나 기관에
> 딸려 붙은 것.

> ❷
> 모임이나 단체에
> 속하는 것.

> ❸
> 쇠에 속하는 무리.

속   속   속

💡 사다리 타기가 어려우면
같은 색의 빈칸을
찾아가세요.

2

〈보기〉의 한자를 완성하려면 어떤 글자 조각이 필요한지 ❶～❹에서 고르세요.

〈보기〉 금 다음에 머물러 있는 보석이니, 은 은.

金   ❶ 艮   ❷ 員   ❸ 星   ❹ 早

시원이네 가족이 할머니를 찾아뵈러 경주로 가는 길이었단다.

운전을 하던 시원이 아빠는 남은 연료 눈금이 0에 가까워진 것을 발견했어.

'연료'는 열, 빛, 동력 등을 얻으려고 태우는 물질을 말해.

시원이 아빠는 서둘러 가까운 주유소로 방향을 바꾸었지.

자동차에 연료를 넣는 모습.

탈 연燃　　재료 료料

연료

낱〉 태우는【燃】 재료【料】.

교〉 태워서 열 · 빛 · 동력 따위를 얻을 수 있는 물질.

예〉 옛날에는 온돌방을 데우기 위한 연료로 나무를 사용했어요.

처음 시始　　움직일 동動

시동

낱〉 처음으로【始】 움직이기【動】 시작함.

교〉 어떤 장치를 만져서 차나 기계를 움직이게 하는 것.

예〉 아빠가 차에 시동을 걸고 기다리신다.

차에 연료를 가득 채우고 다시 출발하려는데 시동이 걸리지 않는 거야.

'시동'은 장치를 만져 기계 따위를 움직이게 하는 것을 말해.

시동 걸어 두었습니다. 가래떡 씨!

다녀 오세요~.

engine

엔진

교〉 ❶ 연료를 써서 기계를 움직이는 힘을 내는 장치.
❷ 컴퓨터 분야에서 핵심적인 기능을 행하는 프로그램.

예〉 엔진은 자동차에서 핵심적 역할을 맡고 있어요.

시원이 아빠는 차에서 내려 엔진을 살펴보았어.

하지만 엔진에는 아무 이상이 없었단다.

'엔진'은 연료를 사용해 기계를 움직이는 힘을 만드는 장치를 뜻해.

엔진을 살펴보는 모습.

 쏙쏙 문제

빈칸에 알맞은 낱말을 〈보기〉에서 골라 써 보세요.　　〈보기〉 시동, 엔진, 연료

• 자동차를 샀지만 ❶⬤⬤ 거는 법을 몰라 운전 학원에 등록했어요.

• 1970년대에는 대부분 연탄을 난방의 ❷⬤⬤로 사용했어요.

• 갑자기 자동차가 멈추자 아빠는 제일 먼저 ❸⬤⬤부터 살펴보았어요.

제2일차

가지런할 정 整　갖출 비 備

정비

낱 흐트러진 것을 정리하여【整】 갖춤【備】.
교 기계나 시설 따위를 고치거나 손질하는 것.
예 정비 공장에 다녀온 자동차가 새것처럼 바뀌었어요.

자동차를 정비하는 모습.

며칠 전에 자동차를 정비해 두었는데 어디에 이상이 생긴 걸까?
기계나 설비가 제대로 작동하도록 보살피고 손질하는 것을 '정비'라고 해.
시원이 아빠는 주유소의 자동차 정비 기능사 아저씨께 도움을 요청했어.

켤 점 點　불 화 火

점 화

낱 교 불【火】을 켜거나【點】 붙이는 것.
예 다 함께 촛불에 점화합시다.

점화하는 순간.

자동차를 살펴본 정비 기능사 아저씨는 연료가 점화되면서 생긴 불꽃이
원인이라고 하셨어. '점화'는 불을 붙이거나 켜는 것을 말해.
성당에서는 크리스마스 날 밤에 촛불에 점화하는 행사를 한단다.

지나칠 과 過　빠를 속 速

과 속

어서 오라고, 어서!

할머니 걸음이 너무 빨라요! 이건 과속 걷기예요, 어흑흑~!

낱 교 지나치게【過】 빠른【速】 속도. 또는 속도를 지나치게 냄.
예 안개 긴 도로에서 과속 운전을 하면 위험해요.

아저씨는 시원이 아빠에게 과속하지 않는 것이
고장을 막는 제일 좋은 예방이라고 하셨어.
지나치게 속도를 빠르게 내는 것이 '과속'이야.
아저씨가 손질하고 나니 거짓말처럼 시동이 걸렸단다.
시원이네 가족, 할머니 댁으로 고고!

쏙쏙 문제

빈칸에 알맞은 낱말을 〈보기〉에서 골라 써 보세요.　〈보기〉 점화, 정비, 과속

• 보행자들의 불편을 덜어 주기 위한 대대적인 도로 ❶◯◯ 작업이 한창이에요.

• 마지막 주자가 성화에 ❷◯◯ 하자 관중은 일제히 박수를 쳤다.

• 빗길에서 ❸◯◯ 운전을 하는 것은 매우 위험해요.

火
8급

불 화
총 4획 | 부수 火

중국에는 불새가 나무를 쪼아 빛을 내는 모습을 보고
나무를 비벼 불을 일게 하는 법을 알았다는 전설이 있어.
'불 화(火)'는 나무를 오랜 시간 비비다가 빠직 소리를 내며
불길이 타오르는 모습을 본뜬 글자란다.

한자 암 기 카 드

타오르는 불을 본떠서, 불 화.

불 화 火   재앙 재 災

화재

낱 불【火】이 나서 생기는 재앙【災】.
교 불이 나서 집이나 물건을 태우는 것.
예 마을에 큰 화재가 났다.

災
5급

재앙 재
총 7획 | 부수 火, 3획

냇물【巛】이 넘치고 불【火】이 일어나면 재앙이니,
재앙 재(災).
옛날 사람들이 가장 두려워한 재앙은 홍수와 화재였어.
어떻게 손을 쓸 도리가 없는 자연재해이기 때문이었지.
'巛'은 '내 천(川)'이 변한 모습이란다.

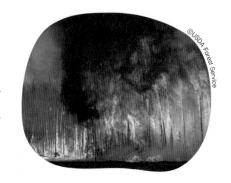

©USDA Forest Service

'한자 암기카드'를 보고 빈칸에 들어갈 말을 써 보세요.

타오르는 ❶◯ 을 본떠서, 불 화(火).

火의 뜻은 불 이고, 음은 ❷◯ 입니다.

火의 어원을 생각하면서 필순에 따라 써 보세요.

火 火 火 火						
火	火	火	火	火		

다지기

초등 **2-2**단계 제2호 12 13

제 **2** 일 차

1 ❶～❹의 뜻을 가진 낱말이 되도록 거미 등의 빈칸에 알맞은 글자를 쓰세요.

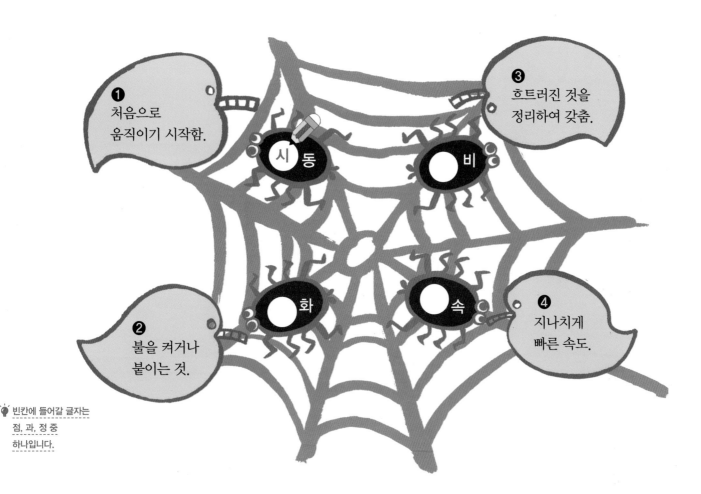

❶ 처음으로 움직이기 시작함.

❷ 불을 켜거나 붙이는 것.

❸ 흐트러진 것을 정리하여 갖춤.

❹ 지나치게 빠른 속도.

시 동

비

화

속

💡 빈칸에 들어갈 글자는
점, 과, 정 중
하나입니다.

2 〈보기〉에 맞는 한자를 ❶～❹에서 고르세요.

〈보기〉

타오르는 불을 본떠서,
불 화.

❶ 金 ❷ 水 ❸ 小 ❹ 火

덜미를 잡히다

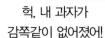
헉, 내 과자가
감쪽같이 없어졌어!

도둑인가? | 누가 훔쳐 갔지?

흠, 내 뛰어난 두뇌로
추리를 해 볼까?

일단 과자를
놓아둔 부엌에
들어간 사람은? | 우리 셋이 다
들락날락했잖아.

그렇다면 범인은
우리 셋 중에 하나!
뭣?! | 나는 왜···

일단 할머니를 제외하고,
쑥개떡 네가 먹은 거 아냐? | 무슨 소리?!

전 초코 과자같이 단 건
질색이라고요. | 잠깐,
방금 그 말!

초코 과자라고
말하지 않았는데,
그걸 어떻게 알았지? | 헉!
그, 그건-!

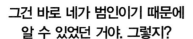

그건 바로 네가 범인이기 때문에 알 수 있었던 거야. 그렇지?

하핫, 내 명석한 추리에 덜미를 잡혀서 옴짝달싹 못하는 모습이라니~!

덜미를 잡히다 : 목의 뒤쪽과 아랫부분을 '덜미'라고 한다. 그 덜미를 남에게 잡히면 꼼짝 못하게 되므로, 나쁜 일을 꾸미다가 발각되거나 꼬리를 밟힐 때 '덜미를 잡혔다'라고 한다.

잠깐!! 시루떡 형 이빨에 낀 그 검은 것은 초콜릿 자국?!

핫!

시루떡 형이야말로 덜미를 잡혔군요. 결국 범인은 형이었어!

인절미 할머니.

이 과자는 음식물 쓰레기로 분리해서 버리세요.

아차, 과자가 상해서 쓰레기통에 버린 걸 깜빡했구면.

어유~ 이 건망증.

결국 둘 다 조금씩 먹었군!

우 웩~

🔍 교통 · 위반

❶ 글 속의 주황색 낱말들은 무슨 뜻일까요? 잘 생각하면서 다음 글을 읽어 보세요.

온 가족이 차고에 집합했어요.

달 왕복선의 승차권 확인을 마지막으로 출발 준비 완료!

에어카의 손질은 아빠가 했지만 운전대를 잡은 사람은 엄마.

아빠보다는 엄마가 우주 정거장으로 향하는 공중 도로의 지리에 더 밝거든요.

오랜만에 하는 가족 여행이라서 그런지 콧노래가 절로 나왔어요. 에어카를 몰고 있는

엄마도 노래를 흥얼거리며 빌딩과 빌딩 사이로 난 공중 도로를 신나게 질주했어요.

저 멀리 우주 정거장이 보이기 시작했어요. 그때 어디선가 사이렌 소리가 들렸어요.

그러더니 에어 오토바이 한 대가 날아와 우리 에어카 앞을 가로막는 게 아니겠어요!

교통경찰 아저씨였어요.

들떠서 속도를 올린 나머지 엄마가 그만 공중 도로의 규정 속도를 위반해

버린 거예요. 교통 법규를 어겼기 때문에 엄마는 앞으로

한 달 동안 운전을 할 수 없대요.

도중에 작은 사건이 있었지만 우주 정거장에 무사히 도착했어요.

달나라에 도착하면 제일 먼저 암스트롱 박물관에 가 보고 싶어요.

그리고 달에서 본 지구의 모습을 사진으로 찍어 올 거랍니다.

그럼 달나라 여행, 잘 다녀올게요.

맛보기

◑ 빈칸에 알맞은 낱말을 왼쪽 글의 주황색 낱말 중에서 찾아 써 보세요.
잘 모를 땐 💡를 보거나, ❶~❸에서 골라 쓰세요.

1 오토바이가 시끄러운 소리를 내며 도로를 질 주 했어요.

💡 아주 빠르게 달린다는 뜻이에요.

❶ 질주　　　　　❷ 공주　　　　　❸ 메주

2 인터넷에서 악성 댓글을 달면 관련된 〇〇 에 의해 벌을 받아요.

💡 법으로 정한 규칙을 말해요.

❶ 법석　　　　　❷ 법당　　　　　❸ 법규

3 낙타는 아시아와 유럽을 잇는 비단길에서 중요한 〇〇 수단이었어요.

💡 탈것을 이용해 서로 오가는 것을 말해요.

❶ 교복　　　　　❷ 교실　　　　　❸ 교통

4 글짓기를 한 뒤 한글 맞춤법 〇〇 에 따라 틀린 글자를 고쳤어요.

💡 지키기로 정해 놓은 규칙을 뜻해요.

❶ 규수　　　　　❷ 규정　　　　　❸ 규방

5 학교에 귀고리를 하고 오는 것은 교칙을 〇〇 하는 것입니다.

💡 지키지 않고 어기는 것을 말해요.

❶ 위장　　　　　❷ 위반　　　　　❸ 위로

6 경주로 가는 고속버스 〇〇〇 을 예매했어요.

💡 차 따위를 타기 위해 돈을 내고 사는 표를 말해요.

❶ 상위권　　　　❷ 투표권　　　　❸ 승차권

 교통 경찰 아저씨였어요.

호영이는 여동생과 함께 연평도에 살고 있는 고모 댁에 놀러 가기로 했어.
우선 연평도로 향하는 교통편을 인터넷으로 찾아보았단다.
자동차, 기차, 배, 비행기 따위의 탈것이 오가거나
탈것을 써서 길을 다니는 일을 '교통'이라고 해.

연평도.

서로 교交   통할 통通

교통

낱 교 서로【交】오가며 통하는【通】일.
예 지하철 개통으로 이 지역의 교통 문제가 해결되었다.

항구 항港   입구 구口

항구

교 바닷가에 배가 드나들 수 있게 만들어 놓은 곳.
예 큰 배가 항구로 들어오고 있습니다.

인천항.

연평도로 가는 배가 출발하는 곳은 항구 도시 인천. '항구'는 바닷가에
배가 드나들거나 머무를 수 있도록 시설을 갖추어 놓은 곳이란다.
항구에는 사람이나 물건을 배에 싣기 위한 터미널이나
짐을 옮기는 커다란 기계 설비 등이 있어.

기다릴 대待   모을 합合   방 실室

대합실

낱 기다리려고【待】모여【合】있는 집이나 방【室】.
교 역이나 공항 따위에서 손님들이 탈것을 기다리는 곳.
예 공항의 대합실에서 친구를 만나 배웅했어요.

인천에 도착한 호영이 자매는 배를 타기 위해
여객 터미널로 향했단다. 두 사람은
터미널의 대합실에서 연평도행
배를 기다렸지. 기차역이나 공항,
부두 등에 손님들이 서로 만나거나
쉴 수 있도록 마련한 장소를 '대합실'이라고 해.

인천 여객 터미널 대합실.

 쏙쏙 문제

빈칸에 알맞은 낱말을 〈보기〉에서 골라 써 보세요.   〈보기〉 항구, 대합실, 교통

• 인천과 부산은 우리나라의 대표적인 ❶⬜⬜ 도시랍니다.

• 시골에서 올라오시는 할머니와 서울역 ❷⬜⬜⬜ 에서 만나기로 했어요.

• 간밤에 내린 눈으로 설악산으로 가는 ❸⬜⬜ 이 마비되었어요.

제 3 일 차

교통 체증.

넘실대는 파도를 가로질러 연평도로 향하는 뱃길의 장점은 바로
교통 체증이 없다는 점이었어. '체증'은 차들이 많이 몰려 있어 길이 막히는
상태를 말해. 먹은 음식이 잘 소화되지 않는 증상을 가리키기도 하지.

막힐 체滯   증세 증症

체증

낱 막히는【滯】증세【症】.
교 ❶ 체하여 소화가 되지 않는 증세.
　❷ 차들이 밀려 있는 상태.
예 주말 오후라 교통 체증이 심하다.

이플 통痛   증세 증症

통증

낱·교 아픈【痛】증세【症】.
예 갑자기 다리에 심한 통증을 느꼈다.

파도가 높아서 배가 심하게 흔들릴 때였어.
여동생이 갑자기 속이 울렁거리고 머리가
아프다며 통증을 호소해 왔어.
'통증'은 아픔을 느끼는 증세를 말한단다.

연평도 연락선.

여동생의 증상을 보니 아무래도 멀미 같았어.
병을 앓을 때 나타나는 현상이나 상태를 '증상'이라고 해.
멀리 수평선을 바라보게 했더니 동생의 멀미가 가라앉았단다.

증세 증症   형상 상狀

증상

낱·교 병을 앓을 때의 증세【症】나 상태【狀】.
예 이번 감기는 증상이 다양해요.

캬아~, 시원해!
할아버지 짱이야!

갈증 해소!

목마를 갈渴   증세 증症

갈증

낱 목이 마른【渴】증세【症】.
교 목이 말라 물을 마시고 싶은 느낌.
예 한바탕 공을 차고 나니 갈증이 난다.

동생을 다독거려 주고 나니 이번엔 호영이가 목이 타며 갈증이 났어.
그러자 동생이 가방에서 물을 꺼내 주었단다.
'갈증'은 목이 말라 물을 마시고 싶은 증세를 뜻해.
어느새 도착한 연평도 항구에는 고모가 환한 얼굴로 마중을 나와 계셨단다.

쏙쏙 문제

빈칸에 알맞은 낱말을 〈보기〉에서 골라 써 보세요.   〈보기〉 갈증, 체증, 통증

• 악수를 하자 다친 손가락의 ❶〇〇 이 온몸에 퍼지는 것 같았어요.

• 아무리 ❷〇〇 이 심하더라도 바닷물을 마시면 절대 안 돼요.

• 교통사고로 빚어진 도로의 ❸〇〇 이 드디어 풀리기 시작했어요.

症

증세 증

총 10획 | 부수 疒, 5획

열이 나거나 기침이 나서 병원에 가면 의사 선생님은 체온을 재거나 청진기를 몸에 대어 보시지. 병【疒】을 바르게【正】 진단하려고 증세【症】가 어떤지 알아보는 거란다.

한자 암기카드

① 병【疒】을
② 바르게【正】 진단하려면 증세를 알아야 하니

병【疒】을 바르게【正】 진단하려면 증세를 알아야 하니, 증세 증.

疒 + 正 = 症
병들 녁 바를 정 증세 증

곧잘 건健 잊을 망忘 증세 증症

건망증

낱 곧잘【健】 잊어버리는【忘】 증세【症】.
교 기억력이 좋지 않아 어떤 일을 잘 잊어버리는 증세.
예 엄마는 건망증이 심해서 우산을 잘 잃어버려요.

무언가를 잘 잊어버리는 증세를 '건망증'이라고 해. 공부를 열심히 하고도 건망증 때문에 시험을 못 치면 정말 억울할 거야.

'한자 암기카드'를 보고 빈칸에 들어갈 말을 써 보세요.

① ◯【疒】을 ② ◯◯◯【正】 진단하려면 증세를 알아야 하니, 증세 증(症).

症의 뜻은 증세 이고, 음은 ③ ◯ 입니다.

症의 어원을 생각하면서 필순에 따라 써 보세요.

症 症 症 症 症 症 症 症 症 症

症 症 症 症 症

다지기

제**3**일차

1 돌담 안에 든 낱말 가운데 ❶~❸의 뜻에 맞는 낱말을 찾아 ◯로 묶고, 빈칸에 낱말을 쓰세요.

항 구 상 갈 교 통 체

증 망 대 합 실 환 전

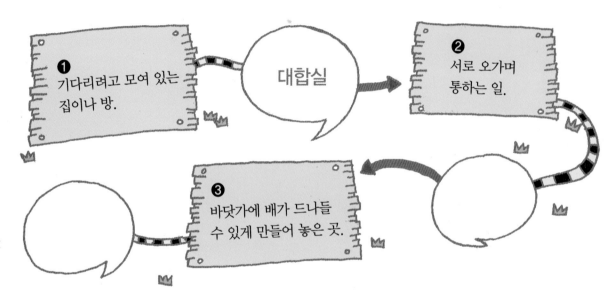

❶ 기다리려고 모여 있는 집이나 방.

대합실

❷ 서로 오가며 통하는 일.

❸ 바닷가에 배가 드나들 수 있게 만들어 놓은 곳.

💡 나란히 붙어 있는 글자로 된 낱말이에요.

2 〈보기〉의 한자를 완성하려면 어떤 글자 조각이 필요한지 ❶~❹에서 고르세요.

〈보기〉 병을 바르게 진단하려면 증세를 알아야 하니, 증세 증.

疒

❶ 土　❷ 甲　❸ 正　❹ 止

돋보기2 규정 속도를 위반 해 버린 거예요.

속도 위반.

많은 사람이 어울려 생활하는 사회나 단체에서는 함께 지켜야 할 것들이 있어.
법률, 규칙, 약속 등이 그것이야. 이런 것들을 지키지 않고 어기는 것을
'위반'이라고 한단다. 사진 속의 자동차는 〈천천히〉라는 교통 표지판을
무시하고 속도를 내며 달리고 있어. 정해진 속도를 위반하고 있는 것이지.

어길 위 違   반대할 반 反

위반

낱·교 법률, 명령, 약속 등을 어기거나【違】지키지 않음【反】.
예 교통 신호를 위반하면 사고를 당할 수도 있어요.

속도 위반,
나빠요!
멍멍!

법 규 規   정할 정 定

규정

낱·교 규칙【規】으로 정함【定】. 또는 그렇게 정해진 규칙.
예 대회 규정에 의해 한 번만 반칙해도 탈락입니다.

관련된 여러 사람이 함께 규칙으로 정한 것을 '규정'이라고 한단다.
대회에 나갈 때는 대회의 규정을 지켜야 좋은 성적을 거둘 수 있어.
그렇지 않으면 탈락하게 되니까 말이야.

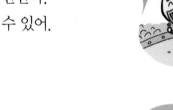

다음 참가자는
'영떡스 클럽'
입니다!

다들 대회 규정을
잘 기억하고 있지?

네!

마음 쓸 주 注   뜻 의 意

주의

낱 마음을 쓰며【注】뜻【意】을 둠.
교 ❶ 마음을 놓지 않고 조심하는 것.
❷ 남의 잘못이나 나쁜 점을 일깨워 주는 것.
예 해외여행에서의 주의 사항을 잘 적어 두었어요.

'주의'는 마음에 새겨 두고 조심하는 것을 뜻해.
잘못된 일을 일깨워 주기 위한 경고를 뜻하기도 하지. 규칙을 마음에
새겨 두고 주의한다면, 규칙을 어겨서 주의를 받는 일은 없을 거야.

쑥 송편!
정신 차려.

무리해서
연습하지 말라고 그렇게
주의를 줬건만!

쏙쏙 문제!

빈칸에 알맞은 낱말을 〈보기〉에서 골라 써 보세요.   〈보기〉 주의, 위반, 규정

• 계약을 ❶◯◯ 하면 약속한 금액의 두 배를 보상해야 해요.

• 선생님께서 지각한 아이에게 ❷◯◯ 를 주셨어요.

• 학칙의 ❸◯◯ 에 따라 세 번 지각하면 결석으로 치겠어요.

돌이킬 반反 법칙 칙則

반칙

[낱][교] 주로 운동 경기 따위에서 규칙【則】을 어김【反】.
[예] 반칙하지 말고 정정당당하게 싸우자.

반칙하지 말고 정정당당하게!

승필이네는 오늘 반 대항 발야구 시합을 했단다.
승필이네 반에 체육을 잘하는 친구들이 많아서 모두 자신감에 차 있었어.
그런데 상대편이 자꾸 반칙을 하는 바람에 점수를 뺏기고 말았지.
'반칙'은 흔히 운동 경기에서 규칙을 어기는 것을 말해.

되받을 반反 칠 격擊

반격

[낱] 되받아【反】침【擊】.
[교] 상대의 공격을 맞받아 공격하는 것.
[예] 한 점을 뺏긴 한국 팀은 곧바로 반격에 나섰습니다.

반격이다, 얍!

승필이네 반 친구들은 화가 나서 힘을 모아 반격했어.
반칙에 무릎을 꿇을 수는 없다며 있는 힘을 다해 경기에 임했지.
공격해 오는 것에 맞서서 공격하는 것을 '반격'이라고 해.

반대할 반反 구를 전轉

반전

[낱] 반대【反】쪽으로 구름【轉】.
[교] ❶ 일의 형편이 뒤바뀌는 것.
❷ 위치, 방향, 순서 따위가 반대로 되는 것.
[예] 경기가 반전을 거듭해서 어느 팀이 이길지 도무지 알 수가 없다.

만세! 우리 반이 이겼다!

얼마 지나지 않아 승필이네 반은 한 점을 따라잡았어.
반칙에 아랑곳 않고 최선을 다했더니 경기의 흐름에 반전이 일어난 거야.
'반전'은 이야기나 사건의 방향이 완전히 뒤바뀌는 것을 말해. 이어서
한 점을 더 낸 승필이네 반은 역전을 하며 경기에서 이겼단다. 정말 통쾌한 한판 승부였어.

쏙쏙 문제

빈칸에 알맞은 낱말을 〈보기〉에서 골라 써 보세요.　〈보기〉 반전, 반격, 반칙

• 낮 전투에서 패배했던 떡 마을 군사들은 밤을 틈타 적진을 ❶◯◯ 했어요.
• 갑작스러운 이야기의 ❷◯◯ 에 그저 멍하니 듣고 있을 수밖에 없었어요.
• 이탈리아 선수는 두 번이나 ❸◯◯ 을 하다가 퇴장당하고 말았어요.

한자의 뜻과 유래에 대한 설명을 읽고, 한자를 익혀 보세요.

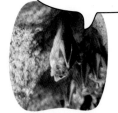

난 낮에 자고 밤에 활동해. 다른 동물과는 반대라고.

反
6급

반대할 반

총 4획 | 부수 又, 2획

우리가 알고 있는 박쥐의 날개는 박쥐의 손이란다.

박쥐는 동굴 속 바위【厂】에 손【又】으로 매달려 휴식을 취해.

몸을 뒤집어 거꾸로 매달리는 거지. 동물이 대개 누워서

휴식을 취하는 것과는 반대【反】 방향이란다.

동굴 바위에 거꾸로 매달린 박쥐.

한자 암기 카드

反

❶ 바위【厂】에

❷ 손【又】으로 매달려 몸을 반대로 하니

바위【厂】에 손【又】으로 매달려

몸을 반대로 하니, **반대할 반.**

厂 + 又 = 反

굴 바위 엄   오른손 우   반대할 반

반대할 반 反   겨룰 항 抗

반항

[날] 반대하여【反】 겨룸【抗】.

[교] 부모나 손윗사람에게 따르지 아니하고 맞서서 대드는 것.

[예] 심판에게 반항하다가 퇴장당했어요.

板
5급

널빤지 판

총 8획 | 부수 木, 4획

나뭇조각【木】을 반대로【反】 돌려 가며 판판하게

다듬은 것이니, 널빤지 판(板).

옛날에는 널빤지 한 장을 만드는 데도 시간이 많이 걸렸어.

도끼로 나무를 토막 낸 뒤, 얇은 널빤지가 될 때까지

여러 번 뒤집어 가며 판판하게 다듬어야 했거든.

널빤지를 다듬는 작업.

'한자 암기카드'를 보고 빈칸에 들어갈 말을 써 보세요.

❶ ◯◯【厂】에 ❷ ◯【又】으로 매달려 몸을 반대로 하니, 반대할 반(反).

反의 뜻은 반 대 하 다 이고, 음은 ❸ ◯ 입니다.

- -

反의 어원을 생각하면서 필순에 따라 써 보세요.

反 反 反 反						
反	反	反	反	反		

1 열기구에서 ❶~❸으로 이어진 길을 따라가면 두 글자로 된 낱말이 완성됩니다.
그 낱말을 알맞은 뜻과 이으세요.

2 양쪽 한자에 공통으로 들어 있는 글자를 ❶~❹에서 고르세요.

제목	비밀의 화원	지은이	버넷
출판사	△△출판사	읽은 날짜	2009년 8월 24일

제 목	메리에게

메리야, 난 네가 친구와 함께 비밀의 화원을 꾸밀 때 얼마나

'졸였는지'로 써야 해.　　　　　　　　　　　'어떻게'가 맞아.

마음을 조렸는지 몰라. 혹시 들키면 어떠케 하나 해서 말이야.

'덕분에'가 옳은 표현이야.　　　　　　'나아서'라고 써야 한단다.

그래도 네 덕뿐에 사촌동생이 낫아서 정말 다행이야. 나도 비

밀의 화원에 꼭 가 보고 싶구나.

*이 글은 초등학교 3학년 어린이가 쓴 독서 일기입니다.

마음은 '졸이고', 생선은 '조리고'

속을 태우다시피 초조해할 때는
'조리다'가 아니라 '졸이다'라고 써야 해.
주로 마음을 '졸이다', 가슴을 '졸이다'처럼 쓰이지.
'조리다'는 음식을 만들 때 재료를 양념해
국물이 거의 없게 바짝 끓일 때 쓴단다.

수술 중

졸이다

- (주로 '마음', '가슴' 따위와 함께 쓰여) 속을 태우다시피 초조해하다.
- 예) 할머니의 수술 결과를 가슴을 졸이며 기다렸다.

마음을 졸이며 기다리고 있어~

생선을 맛있게 조려 볼까?

조리다

- 고기나 생선, 채소 따위를 양념하여 국물이 거의 없게 바짝 끓이다.
- 예) 멸치와 고추를 간장에 조렸다.

1 글자 조각 둘을 합쳐 사각형이 되도록 하면 두 글자로 된 낱말이 완성됩니다.
그 낱말을 알맞은 뜻과 이으세요.

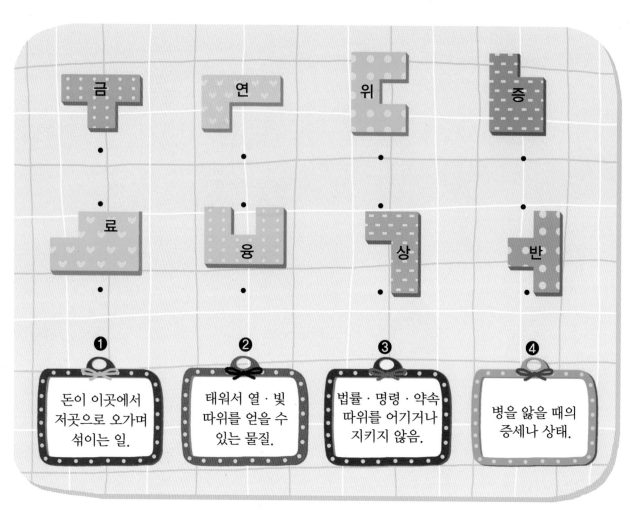

금 · 연 · 위 · 증 ·
· · · ·
료 · 융 · 상 · 반 ·
· · · ·

❶ 돈이 이곳에서 저곳으로 오가며 섞이는 일.

❷ 태워서 열 · 빛 따위를 얻을 수 있는 물질.

❸ 법률 · 명령 · 약속 따위를 어기거나 지키지 않음.

❹ 병을 앓을 때의 증세나 상태.

2 왼쪽에 음과 뜻이 주어진 한자를 오른쪽 빈칸에 쓰세요.

厂 又

바위에 손으로 매달려 몸을 반대로 하니, 반대할 반.

반대할 반

💡 구름 속 글자들을
더하면 한자의 모양을
알 수 있어요.

제 5 일차

3 아래 문장의 빈칸에 들어갈 낱말을 우산에서 찾아 바른 순서대로 쓰세요.

① 교통사고로 생긴 고속도로의 ○○ 이 서서히 풀리기 시작했어요.

② 놀이 기구를 타기 전에는 ○○ 사항을 잘 읽어 두는 것이 좋아요.

③ 우렁찬 소리가 나는 트럼펫은 ○○ 악기의 꽃으로 불려요.

④ 여러 사람이 함께 규칙으로 정한 것을 ○○ 이라고 해요.

금 주 체 규

정 증 의 관

4 〈보기〉의 한자를 완성하려면 어떤 길로 가야 할지 알맞은 글자를 따라 선을 긋고, 완성된 한자를 빈칸에 쓰세요.

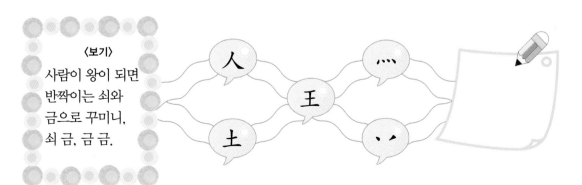

〈보기〉
사람이 왕이 되면
반짝이는 쇠와
금으로 꾸미니,
쇠 금, 금 금.

人 、、、
   王
土 ㅅ

1~3 빈칸에 들어갈 말을 〈보기〉에서 찾아 쓰세요.

〈보기〉 반전, 점화, 통증

1. 오빠와 함께 영화를 보러 갔어요. 영화의 마지막에서 내용의 방향이 완전히
   뒤바뀌는 이야기의 (   )이(가) 매우 인상에 남았어요.

2. 엄마의 생일 파티를 했어요. 온 가족이 엄마의 생일 케이크 위에 꽂혀 있는
   초에 성냥으로 (   )을(를) 했답니다.

3. 체육 시간에 넘어져 무릎을 다쳤어요. 엄마가 밤새 찜질을 해 주었지만 아침이 되어도
   (   )이(가) 가라앉지 않았어요.

4. 서로 관계있는 것끼리 연결하세요.

   (1) 사람이 왕이 되면 반짝이는 쇠와 금으로 꾸미니, 쇠 금, 금 금.   •   • 金

   (2) 냇물이 넘치고 불이 일어나면 재앙이니, 재앙 재.   •   • 板

   (3) 나뭇조각을 반대로 돌려 가며 판판하게 다듬은 것이니, 널빤지 판.   •   • 災

   (4) 병을 바르게 진단하려면 증세를 알아야 하니, 증세 증.   •   • 症

5. 서로 관계있는 것끼리 연결하세요.

   (1) 기억력이 좋지 않아 어떤 일을 잘 잊어버리는 증세.   •   • 대합실

   (2) 부모나 손윗사람에게 맞서서 대드는 것.   •   • 건망증

   (3) 불이 나서 집이나 물건을 태우는 것.   •   • 반항

   (4) 역이나 공항 따위에서 손님들이 탈것을 기다리는 곳.   •   • 화재

6~8 다음 글을 읽고 물음에 답하세요.

> 내 친구 세정이가 ㉠소속되어 있는 청소년 교향악단의 정기 연주회를 보러 갔어요. 세정이가 연주하는 악기는 (㉡) 중의 하나인 트럼펫이랍니다. 세정이가 연주하는 트럼펫이 조명을 받아 반짝이자, 마치 ㉢은피리처럼 보였어요. 멋있게 연주를 마치고 나오는 세정이에게 꽃다발을 한 아름 안겨 주었답니다.

6. ㉠의 뜻으로 바른 것을 고르세요. ( )

❶ 은행 같은 곳에서 돈을 빌려 주거나 빌려 쓰는 일.

❷ 어떤 장치를 만져서 차나 기계를 움직이게 하는 것.

❸ 모임이나 단체에 속하는 것.

❹ 흐트러진 것을 정리하여 갖춤.

❺ 마음을 놓지 않고 조심하는 것.

7. ㉡에 들어갈 알맞은 낱말을 고르세요. ( )

❶ 금관 악기　❷ 목관 악기　❸ 타악기　❹ 건반 악기　❺ 현악기

8. ㉢의 한자로 바른 것을 고르세요. ( )

❶ 金　❷ 銀　❸ 恩　❹ 今　❺ 銅

9~10 밑줄 친 낱말은 잘못 쓰인 것입니다. 고쳐 쓸 낱말을 고르세요.

9. 사촌 형은 무궁화 대학교 **전속** 고등학교에 다니고 있습니다. ( )

❶ 과속　❷ 결속　❸ 부속　❹ 수속　❺ 연속

10. 자동차 충돌 사고로 인해 도로의 **갈증**이 좀체로 풀리지 않습니다. ( )

❶ 엔진　❷ 규정　❸ 위증　❹ 증상　❺ 체증

스탠드는 서 있는 것!

경기를 관람하는 사람들이 앉는 관중석을 영어로 뭐라고 할까?

스탠드^{stand}라고 해.

스탠드^{stand}에 꽉 들어찬 관중이라는 말도 있잖아.

스탠드^{stand}는 경기장을 향해 의자가 계단식으로 쭉 세워져 있다고 해서 스탠드^{stand}야.

스탠드^{stand}의 **sta-**는 원래 '서 있다'라는 뜻이거든.

관중석뿐만 아니라 어떤 물건을 세울 때 쓰는 세움대 같은 것도 스탠드^{stand}라고 해.

보통 전등을 세워 놓은 대(臺)도 흔히 스탠드^{stand}라고 부르지.

그래서 서 있는 물건이나 시설을 뜻하는 스탠드^{stand}는

관중석, 관람석, 세움대, 전기스탠드 등의 여러 가지 뜻을 가진단다.

그럼 스탠드^{stand}가 동사로 쓰일 때는 어떤 뜻일까?
맞아, 오래 생각할 필요도 없어.
sta-의 뜻과 마찬가지로 '서 있다'라는 뜻이란다.
그럼 '서 있다'라는 뜻의 **sta-**가 들어간 단어들을 알아볼까?

statue

'조각상^{statue}'이나 '동상^{statue}'을 뜻해.
조각상이나 동상도 우뚝 서 있는^{sta-}
거니까. 그래서
미국 뉴욕에 서 있는
자유의 여신상을
**the Statue of
Liberty**라고 부르지.

station

'정거장^{station}'이나 '역^{station}', 또는 '관청
등의 부서^{station}'를 말해. 그래서
철도 정거장은 **railway station**,
소방서는 **fire station**,
경찰서는 **police station**이라고
하는 거야.

standby

'옆^{by}에 서 있는^{sta-} 사람', 또는
항상 옆에 있기 때문에 '언제든
필요할 때 부를 수 있는 사람이나
사용할 수 있는 물건'을 말해.

standard

'기준, 표준'이라는 뜻이야.
어떤 것의 기준^{standard}이나 표준^{standard}이
될 만한 것이 서 있다^{sta-}는 뜻이지.

콕콕 정답

제1일차

05쪽   1. 압축 2. 애지중지 3. 희귀
       4. 금속 5. 생산 6. 연료
06쪽   ❶ 금관 ❷ 금융 ❸ 금속
07쪽   ❶ 부속 ❷ 소속 ❸ 전속
08쪽   ❶ 사람 ❷ 왕 ❸ 반짝이는 ❹ 금

09쪽

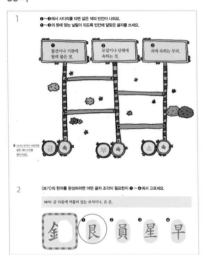

제2일차

10쪽   ❶ 시동 ❷ 연료 ❸ 엔진
11쪽   ❶ 정비 ❷ 점화 ❸ 과속
12쪽   ❶ 불 ❷ 화

13쪽

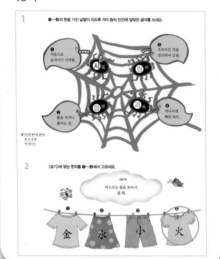

제3일차

17쪽   1. 질주 2. 법규 3. 교통
       4. 규정 5. 위반 6. 승차권
18쪽   ❶ 항구 ❷ 대합실 ❸ 교통
19쪽   ❶ 통증 ❷ 갈증 ❸ 체증
20쪽   ❶ 병 ❷ 바르게 ❸ 증

21쪽

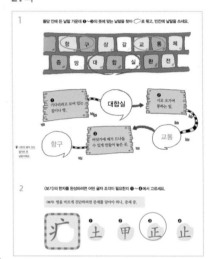

제4일차

22쪽   ❶ 위반 ❷ 주의 ❸ 규정
23쪽   ❶ 반격 ❷ 반전 ❸ 반칙
24쪽   ❶ 바위 ❷ 손 ❸ 반

25쪽

제5일차

도전! 어휘왕
28-29쪽

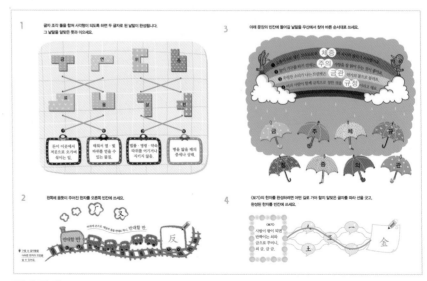

평가 문제

30-31쪽   1. 반전 2. 점화 3. 통증 4. (1) 金 (2) 災 (3) 板 (4) 症 5. (1) 건망증 (2) 반항
         (3) 화재 (4) 대합실 6. ❸ 7. ❶ 8. ❷ 9. ❸ 10. ❺

왕과 관련된 말들

옛날에는 왕을 하늘이 내린 사람이라고 할 만큼 귀하게 여겼어.
그러니 보통 사람과는 달리 따로 부르는 말이 있었어.
손과 발은 물론 입는 옷과 음식 따위의 호칭도 달랐단다.
왕과 관계된 말들에 무엇이 있는지 알아볼까?

용안(龍顔)	왕의 얼굴을 용안이라고 했어. 용이 왕을 상징하기 때문에 생긴 말이야. 왕이 앉는 의자는 용상, 왕의 눈물은 용루라고 했지.
어수(御手)	왕의 손을 부르는 말이야. '옥 옥(玉)' 자를 써서 옥수라고도 했어.
어명(御命)	왕의 명령을 말해. 사극에서 보면 "어명이오!"라고 외치는 장면이 많이 나오지.
곤룡포(袞龍袍)	왕이 입던 옷으로 '곤복'이라고도 불렀어. 누런빛이나 붉은빛의 비단으로 지었으며, 가슴과 등과 어깨에 용의 무늬를 수놓았어.
수라(水刺)	왕에게 올리는 밥상을 말해. 수라상의 반찬은 편육, 전, 회, 조림, 구이, 나물 등 12가지로 정해져 있었어.
매화	왕의 똥을 말해. 왕의 이동식 똥간은 매화틀이라고 불렀어. 왕이 볼일을 보고 나면 시녀들이 물과 헝겊으로 닦아 주었다고 해.
주상(主上)	왕을 부르는 말이야. 모든 것 위의 주인이라는 뜻이 담겨 있는 것 같아.
전하(殿下)	궁궐 아래 엎드리거나 서서 우러른다는 뜻이야. 왕이나 왕비 등을 높여 부르는 말이야.
상감(上監)	왕을 높여 부르는 말이야.
마마(媽媽)	임금과 그 가족의 칭호 밑에 붙여 쓰던 말이야. '상감마마', '중전마마', '동궁마마'와 같이 쓰기도 하고 그냥 '마마'라고 부르기도 해.
성은(聖恩)	왕이 베푸는 은혜를 일컬어. 사극에서 보면 신하들이 "성은이 망극하옵니다."라는 말을 하는데 왕의 은혜가 워낙 커서 갚을 길이 없다는 뜻이야.
붕어(崩御)	왕이 세상을 떠난 것을 말해. 비슷한 말로 '승하'가 있어.
국새(國璽)	나라를 대표하는 도장이야. 왕이 국가의 문서에 찍던 도장인데 옥새, 어새라고도 해.

마법의 상위권 어휘왕 스스로 평가표

01

다음 중 뜻을 자신 있게 말할 수 있는 낱말은 ○표, 알쏭달쏭한 낱말은 △표, 자신 없는 낱말은 X표 하세요.

금속 (   ) | 연료 (   ) | 교통 (   ) | 위반 (   )

02

다음 중 뜻과 음을 자신 있게 말할 수 있는 한자는 ○표, 알쏭달쏭한 한자는 △표, 자신 없는 한자는 ×표 하세요.

金 (   ) | 火 (   ) | 症 (   ) | 反 (   )

03

〈평가 문제〉를 모두 풀고 정답을 확인해 보세요. 10문항 중 내가 맞힌 문항 수는 몇 개인가요?

❶ 9-10문항 (   ) | ❷ 7-8문항 (   ) | ❸ 5-6문항 (   ) | ❹ 3-4문항 (   ) | ❺ 1-2문항 (   )

| 부모님과 선생님께 |

위에서 어린이가 스스로 적은 내용을 보고, 어린이가 어려워하는 부분을 함께 보면서 어휘의 뜻과 쓰임을
이해할 수 있도록 해 주세요.

초등 **2-2** 단계

어휘를 알아야 만점을 잡는다!

스토리텔링식 신교과서 학습을 위한

마법의 상위권 어휘

제 **3** 호

어휘가 쑥쑥 자라요.

부모님과 선생님께서는 이렇게 지도해 주세요

제 **1** 일차	제 **2** 일차	제 **3** 일차	제 **4** 일차	제 **5** 일차
사이버 미술 대회 이야기를 읽고, 대표 어휘 '접속'과 한자 '接'을 익힙니다. '접속'에서 확장된 여러 낱말의 뜻을 스스로 추론해 보도록 지도해 주세요.	대표 어휘 '결산'의 뜻과 한자 '算'을 익히고, 관계있는 낱말도 함께 익힙니다. 다지기 문제를 풀어 보고, '그 정도면 약과'라는 표현도 익히도록 해 주세요.	제주도에 대한 글짓기 이야기를 읽고, 대표 어휘 '문장'과 한자 '文'을 익힙니다. '문장'에서 확장된 여러 낱말의 뜻을 스스로 추론해 보도록 지도해 주세요.	대표 어휘 '고장'의 뜻과 한자 '常'을 익히고, 관계있는 낱말도 함께 익힙니다. 다지기 문제를 풀어 보고, '날다'와 '나르다'를 구별하여 쓰도록 해 주세요.	재미있는 게임 문제와 학교 시험 유형의 평가 문제를 풀며 어휘 실력을 다집니다. '페달(pedal)'과 구성 원리가 비슷한 영어 단어들도 함께 익히도록 해 주세요.

우리 학교 홈페이지에서 사이버 미술 대회가 열리고 있어요. 그런데 접속자가 너무 많아서 홈페이지가 열리지 않아요!

어휘랑 놀자 1

아름답고 **구**금한 우리말 **이**야기

그 정도면 약과

제 **1** 일차

교과서 학습 어휘 01

맛보기

돋보기1

한자가 술술

다지기

접속

접근 접촉 연결

제 **2** 일차

돋보기2

한자가 술술

다지기

결산

연산 검산 몫
나머지 어림 승산

接

算

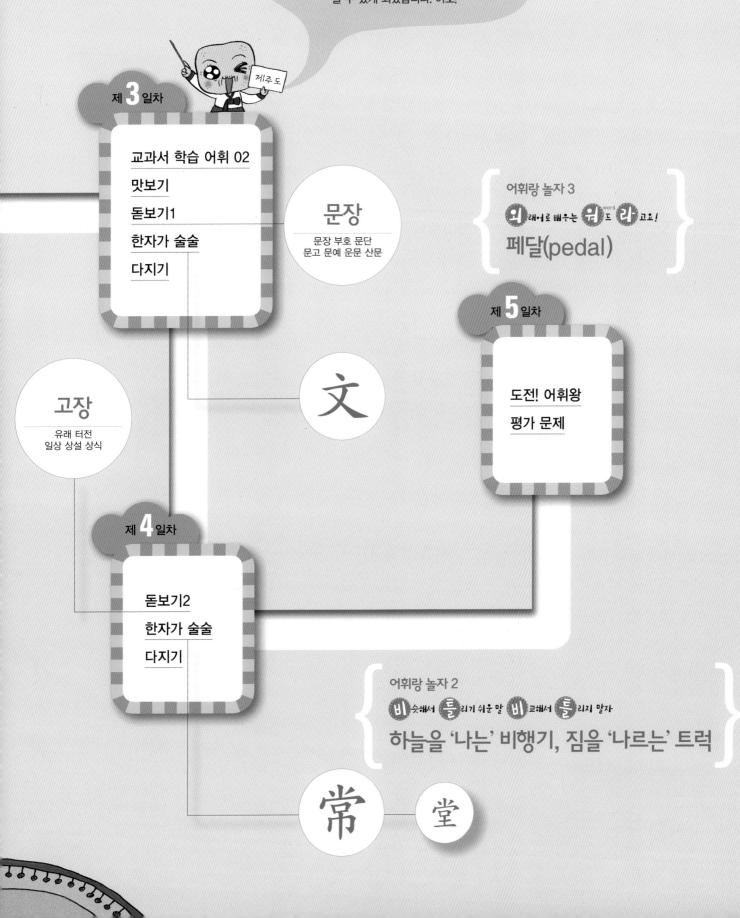

제주도 현장 체험 학습의 기회가 생겼어요.
글짓기 시간에 적어 낸 제 문장이 뽑혀서 제주도에
갈 수 있게 되었답니다. 야호!

제 **3** 일차

교과서 학습 어휘 02
맛보기
돋보기1
한자가 술술
다지기

문장
문장 부호 문단
문고 문예 운문 산문

어휘랑 놀자 3
외래어로 배우는 워드 라고요!
페달(pedal)

제 **5** 일차

도전! 어휘왕
평가 문제

文

고장
유래 터전
일상 상설 상식

제 **4** 일차

돋보기2
한자가 술술
다지기

어휘랑 놀자 2
비슷해서 틀리기 쉬운 말 비교해서 틀리지 말자
하늘을 '나는' 비행기, 짐을 '나르는' 트럭

常 堂

◐ 글 속의 주황색 낱말들은 무슨 뜻일까요? 잘 생각하면서 다음 글을 읽어 보세요.

오늘 저녁이면 우리 학교 홈페이지에서 열리고 있는 사이버 미술 대회가 끝납니다.

사이버 미술 대회는 컴퓨터로 그린 그림을 학교 홈페이지에 올려 수상자를 가리는 대회예요.

물론 그림을 그릴 수 있는 컴퓨터 프로그램을 잘 다뤄야 입상이 가능하답니다.

우리 학교는 10년 전에 미디어 교육 시범 학교로 지정되었어요.

그때부터 학생 한 명당 컴퓨터 한 대씩을 가지고 수업을 했어요.

이번 사이버 미술 대회는 10년간의 미디어 교육 활동을

결산해 보는 의미로 마련한 대회라고 해요.

입상만 해도 그림물감을 선물로 받기 때문에 전교생이 대부분 참여하는 분위기예요.

입상자는 투표로 정해져요. 선생님 한 명당 투표권 하나, 학생 한 명당 투표권 하나가 있어요.

저는 이미 저한테 투표하기로 결정했어요, 히힛.

앗, 이럴 때가 아니에요. 마감 시간이 얼마 남지 않았어요!

어서 학교 홈페이지에 접속해서 그림을 올려야겠어요.

…….

흑, 이를 어쩌죠?

몇 번을 클릭해도 학교 홈페이지가 열리지 않아요.

잠시 후, 안내문이 떴어요.

한꺼번에 너무 많은 사람이 접속하는 바람에 홈페이지가 마비되었다고 해요.

마감 시간이 지났기 때문에 나는 그림도 못 올리고 투표도 못 했어요.

이럴 줄 알았으면 구슬이 그림에 투표라도 해 줄걸…….

● 빈칸에 알맞은 낱말을 왼쪽 글의 주황색 낱말 중에서 찾아 써 보세요.
잘 모를 땐 💡를 보거나, ❶~❸에서 골라 쓰세요.

1 인터넷에 접속 해서 올림픽 경기를 생방송으로 봤어요.

💡 서로 맞대어 잇는 것을 말해요.

❶ 민속　　　　　　❷ 뱃속　　　　　　❸ 접속

2 경찰청은 미디어 사회에 발맞추어   수사대를 운영하고 있어요.

💡 컴퓨터 혹은 인터넷 네트워크를 통하여 이루어지는 일을 말해요.

❶ 사이버　　　　　❷ 사투리　　　　　❸ 사마귀

3 우리 반은 운동회에서 태권도   을 보여 주기로 했어요.

💡 모범을 보이는 것을 가리켜요.

❶ 표범　　　　　　❷ 시범　　　　　　❸ 아범

4 청와대는 대통령의 활동을   하는 책자를 발간했어요.

💡 일정한 기간의 활동이나 업적을 모아 정리하거나 마무리하는 것이에요.

❶ 결산　　　　　　❷ 결혼　　　　　　❸ 결투

5 여름 방학 추억 만들기 글짓기에서 제 글이   했어요.

💡 상을 탈 수 있는 등수 안에 드는 것을 말해요.

❶ 입술　　　　　　❷ 입춘　　　　　　❸ 입상

6 갑자기 내린 엄청난 눈으로 도시의 교통이   되었어요.

💡 기능이 둔해지거나 정지되는 일을 이르는 말이에요.

❶ 마비　　　　　　❷ 왕비　　　　　　❸ 선비

레일 접속.

무언가를 서로 이어서 붙이는 것을 '접속'이라고 해.
짧은 끈을 이어 긴 끈을 만드는 것, 기차의 레일을
연결하여 긴 선로를 만드는 것 등을 말하지.
컴퓨터가 인터넷에 연결되는 것도 접속이야.
인터넷의 출발은 미국의 4개 대학을
연결하는 작은 통신망이었어. 한 통신망이 다른 통신망과
접속하며 점차 발전하여 전 세계를 이어 주는 인터넷이 되었단다.

통신망의 접속으로 이어지는 전 세계.

접할 접 接   이을 속 續

낱 접하여【接】 잇는【續】 것.
교 서로 붙이거나 맞대어 이음.
예 무선으로 인터넷에 접속했더니 속도가 너무 느려요.

낱 은 낱글자 풀이,
교 는 교과서의 뜻이야!

이을 접 接   가까울 근 近

접근

교 가까이 다가가는 것.
예 이곳은 관계자 외 접근 금지입니다.

갓 태어난 강아지에게 가까이 다가갈 때는 조심해야 해.
어린 강아지에게 '접근'하는 걸 어미 개가 싫어하거든.
아직 눈도 제대로 못 뜨는 새끼를 보호하기 위해서야.

'접촉'은 더더욱 위험하단다. 어린 강아지는 세균을 이겨 낼 힘이 없어서
사람의 손이 닿으면 자칫 병이 들기 쉽거든.
게다가 손을 대거나 만지면 어미 개가 앙 물어 버릴지도 몰라.

접근 및 접촉은 제가 좀
더 자란 뒤에 해 주세요.

이을 접 接   닿을 촉 觸

낱 이어져【接】 닿음【觸】.
교 서로 닿는 것. 혹은 어떤 사람과 만나거나 가깝게 지내는 것.
예 건전지에 연결한 꼬마전구에 전선을 접촉하자 불이 들어왔어요.

쏙쏙 문제

빈칸에 알맞은 낱말을 〈보기〉에서 골라 써 보세요.   〈보기〉 접근, 접속, 접촉

• 비 때문에 길이 미끄러워서 자동차 ① ⬤⬤ 사고가 많이 일어났어요.

• 도서관의 인터넷은 검색 도중에 ② ⬤⬤ 이 자주 끊겨서 사용하기가 불편해요.

• 동해안 쪽으로 ③ ⬤⬤ 하고 있는 태풍의 영향으로 바람이 거세게 불고 있어요.

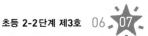

여러 가지의 것을 서로 잇는 것을 '연결'이라고 해.
전선과 전선을 연결하여 전등에 불이 들어오게 하기도 하고
사람과 사람을 연결하여 좋은 관계를 만들기도 하지.

제 1 일 차

이을 련 連   맺을 결 結
연 결

뜻▷ 서로 이어서【連】 맺음【結】.
교▷ 여러 가지의 것을 서로 잇거나 관계가 이어지는 것.
예▷ 지하철 출구와 연결되어 있는 백화점은 드나들기 편해요.

연결.

문장과 문장이 접속할 때 앞뒤 문장을 매끄럽게 이어 주는 것을 '이어 주는 말'이라고 한다.
이어 주는 말에는 어떤 것이 있는지 알아보자.

그리고	그러나	그래서, 그러므로	왜냐하면
앞 + 뒤	앞 ↔ 뒤	원인 + 결과	결과 + 원인

'그리고'는 비슷한 두 문장을 이어 주거나 앞 문장에 내용을 더할 때 사용해.
'그러나'는 내용이 반대인 두 문장을 이어 준단다.
'그래서'와 '그러므로'는 앞 문장이 원인, 뒤 문장이 결과일 때 사용해.
'왜냐하면'은 앞 문장에는 결과, 뒤 문장에는 원인이 올 때 앞뒤 문장을 이어 주는 말이란다.

여기 파가 있어.
그리고 주걱도 있어.

파는 음식에 넣어.
그러나 주걱은 못 넣어.

주걱은 길어.
그래서 요리하기 편해.

나는 파를 많이 먹어.
왜냐하면 몸에 좋거든.

쏙쏙 문제

빈칸에 알맞은 낱말을 〈보기〉에서 골라 써 보세요.   〈보기〉 연결, 그러나, 그래서

• 4층에 있는 좁은 복도는 음악실과 도서실을 ❶⟨　⟩ 하는 통로예요.

• 동생은 늘 나보다 밥을 적게 먹어요. ❷⟨　⟩ 키는 동생이 나보다 더 커요.

• 점심시간부터 온몸에 열이 펄펄 났어요. ❸⟨　⟩ 학교를 조퇴했어요.

接

준 4급

이을 접

총 11획 | 부수 扌, 8획

강강술래는 팔월 한가위 때 하는 놀이야.
한 해의 농사에 대해 신께 감사드리고 다음 해에도 풍요로움이
계속 이어지기를【接】비는 마음을 담았어.
마을의 여자【女】들이 한데 모여 손【扌】과 손을
맞잡고 서서【立】크게 하나의 원으로 이어져【接】
빙글빙글 돌면서 춤을 추었단다.

강강술래.

한자 암기카드

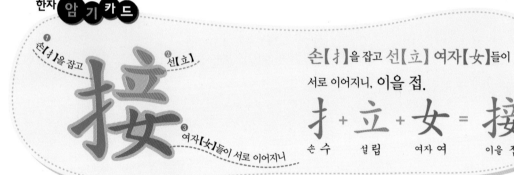

① 손【扌】을 잡고
② 선【立】
③ 여자【女】들이 서로 이어지니

손【扌】을 잡고 선【立】 여자【女】들이
서로 이어지니, 이을 접.

扌 + 立 + 女 = 接
손 수   설 립   여자 여   이을 접

이을 접 接 　 붙을 착 着

날 이어【接】붙임【着】.
교 두 면이 서로 착 달라붙음.
에 본드로 접착해 둔 모형 비행기의 날개가 떨어졌어요.

얼굴이 서로 착 달라붙었어요.

얼굴 접착! 정말 보기 드문 일입니다!!

벽면에 벽지를 붙이는 것이나,
노트에 스티커를 붙이는 것처럼 면과 면이 찰싹
달라붙도록 이어 붙이는 것을 '접착'이라고 해.
그래서 면과 면을 붙이는 데 사용하는 풀이나 본드를 접착제라고 한다.

'한자 암기카드'를 보고 빈칸에 들어갈 말을 써 보세요.

① ◯【扌】을 잡고 ② ◯【立】 ③ ◯◯【女】들이 서로 이어지니, 이을 접(接).

接의 뜻은 **잇 다** 이고, 음은 ④◯ 입니다.

接의 어원을 생각하면서 필순에 따라 써 보세요.

接 接 接 接 接 接 接 接 接 接 接

接	接	接	接	接		

초등 2-2단계 제3호 08·09

제1일차

1

❶~❸에서 사다리를 타면 같은 색의 빈칸이 나와요.

❶~❸의 뜻에 맞는 낱말이 되도록 빈칸에 알맞은 글자를 쓰세요.

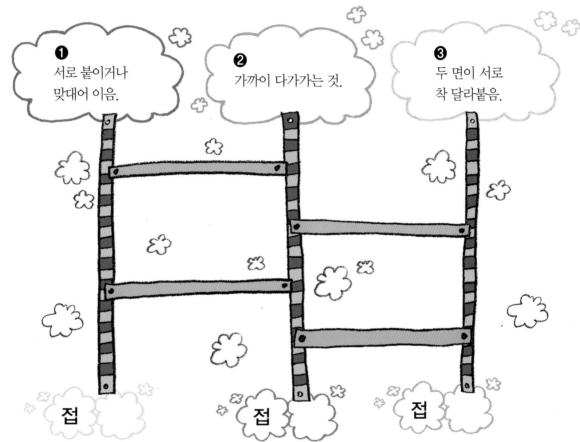

❶ 서로 붙이거나 맞대어 이음.

❷ 가까이 다가가는 것.

❸ 두 면이 서로 착 달라붙음.

💡 사다리 타기가 어려우면 같은 색의 빈칸을 찾아가세요.

접

접

접

2

왼쪽에 음뜻이 주어진 한자를 오른쪽 빈칸에 쓰세요.

扌 立 女

손을 잡고 선 여자들이 서로 이어지니, 이을 접.

이을 접

💡 구름 속 글자들을 더하면 한자의 모양을 알 수 있어요.

나는 윤호네 가계부! 숫자를 먹고 자라요!

가계부.

월말이 되면 윤호 엄마는 가계부에 적은 내용을 결산한단다. '결산'은 정해진 동안 돈이 얼마나 들어와서 어떻게 쓰였는지 셈하는 거야. 어떤 기간의 활동을 정리하는 것을 뜻하기도 하지. 가계부를 결산하는 일은 곧 윤호네의 한 달간 경제 활동을 결산하는 거란다.

허리 찜질기가 필요한데….

짠!

걱정 마!

가계부를 결산해 보니 이번 달엔 돈이 남아!

결정할 결 決   셈할 산 算

결산

낱 기간을 결정하여【決】 셈함【算】.

교 ❶ 정해진 동안 돈이 얼마나 들어와서 어떻게 쓰였는지 셈하는 것.
❷ 일정 기간의 활동이나 업적을 모아 정리하거나 마무리함.

예 서무과는 한 해의 결산 작업을 마무리하는 중이다.

연산을 잘하는 나는 연산의 왕! 그럼 연산군?

윤호 엄마는 가끔 덧셈이나 뺄셈 같은 간단한 연산을 틀릴 때가 있어. '연산'은 정한 식에 따라 계산하여 답을 구하는 걸 뜻해.

펼 연 演   셈할 산 算

연산

낱 식에 따라 펼치는【演】 셈【算】.

교 일정한 방식으로 계산하여 답을 구함.

예 덧셈, 뺄셈, 곱셈 등의 연산을 고속으로 처리하는 회로를 발명했다.

컴퓨터 가계부.

검사할 검 檢   셈할 산 算

검산

낱 셈한【算】 것을 검사함【檢】.

교 셈하여 얻은 답이 맞는지 안 맞는지 알아보려고 다시 셈하는 것.

예 곱셈과 덧셈을 사용하여 나눗셈을 검산할 수 있어요.

윤호 엄마는 정확하게 계산하기 위해서 가계부 결산 내용을 컴퓨터의 계산 프로그램에 입력해. 셈하여 얻은 값이 맞는지 확인하는 '검산'으로 가계부 결산을 마무리하는 거란다.

쏙쏙 문제

빈칸에 알맞은 낱말을 〈보기〉에서 골라 써 보세요.

〈보기〉 검산, 결산, 연산

• 답이 맞는지 검사해 보는 셈을 ❶ ⬜⬜ 이라고 해요.

• 한 학기 동안의 우리 반 친구들의 학급 활동을 ❷ ⬜⬜ 하는 학급 문집을 만들었어요.

• 덧셈, 뺄셈, 곱셈, 나눗셈을 응용하여 하는 셈을 사칙 ❸ ⬜⬜ 이라고 해요.

내일 있을 교내 합창 대회를 준비했어요. 대화에 참석하실
학부모님의 수를 어림해 본 뒤 학급 친구들의 절반은 의자를
강당으로 옮겼어요. 나머지 친구들은 곳곳에 포스터를 붙였어요.
내일 합창 대회에서도 우리가 각자 제 몫을 다하면
좋은 성적을 거둘 승산이 있어요.

합창 대회.

몫
- 교 ❶ 여럿으로 나누어 가지는 각 부분이나 역할.
  ❷ 나눗셈에서 나누어떨어지는 수.
- 예 이어달리기에서 발 빠른 영수가 큰 몫을 했어요.

 **나머지**
- 교 ❶ 전체에서 어느 만큼을 빼고 남은 부분.
  ❷ 나눗셈에서 나누어떨어지지 않고 남는 수.
- 예 세뱃돈으로 학용품을 산 뒤 나머지는 모두 저축했어요.

전체를 여럿으로 나눈 각각의 부분이나 역할을 '몫'이라고 한다.
'나머지'는 전체에서 어느 만큼을 빼고 남은 부분을 뜻해.
나눗셈에서도 몫과 나머지라는 말을 사용하지.
13을 4로 나누면 나누어떨어지는 수인 3을 몫이라 하고
나누어떨어지지 않고 남는 수인 1을 나머지라고 해.

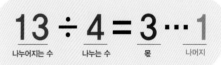
$$13 \div 4 = 3 \cdots 1$$
나누어지는 수 나누는 수 몫 나머지

날아오를 수 있는 높이를 어림해 봐!
놀라워! 떡 썰기 대회에서 우승할 승산이 있겠어!

전국 태권도 대회에 나가서 좋은 성적을 내고 싶다면
연습 시간을 어림해 봐. 대강 짐작으로 계산하거나 헤아려
보는 것을 '어림'이라고 해. 좀 더 구체적인 계획을 짜서
실천에 옮긴다면 좋은 성적을 올릴 승산이 있어.
'승산'은 시합이나 경기에서 이길 수 있는 가능성을 말한다.

 **어림**
- 교 짐작으로 대충 헤아리는 것.
- 예 양동이에 든 물이 몇 리터나 되는지 어림해 보았어요.

 이길 승 勝 셈할 산 算 **승산**
- 낱 이기는【勝】셈【算】.
- 교 전쟁이나 경기에서 이길 수 있는 가능성.
- 예 우리 편에 승산이 있어요.

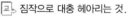

쏙쏙 문제

빈칸에 알맞은 낱말을 〈보기〉에서 골라 써 보세요.   〈보기〉 어림, 승산, 나머지

- 11을 5로 나누면 몫이 2이고 ❶◯◯◯가 1이다.
- 이번 결승전에서는 우리나라 대표 팀에 ❷◯◯이 있다고 생각해요.
- 이 꽃병에 장미가 몇 송이 들어갈 수 있는지 ❸◯◯해 보세요.

算 ^{7급}

셈할 산

총 14획 | 부수 竹, 8획

옛날 중국인들은 복잡한 셈을 할 때 대나무 막대에 알을 끼워 만든 주판을 사용했어. 대나무【竹】로 눈【目】알처럼 깎아 만든 주판을 받쳐 들고【廾】 셈을 했단다.

주판.

한자 암기카드

① 대나무【竹】로

② 눈【目】알처럼 깎아 만든 주판을

③ 받쳐 들고【廾】 셈하니

대나무【竹】로 눈【目】알처럼 깎아 만든 주판을 받쳐 들고【廾】 셈하니, 셈할 산.

竹 + 目 + 廾 = 算

대나무 죽 / 눈 목 / 받쳐들 공 / 셈할 산

더할 가 加 / 셈할 산 算 / 점수 점 點

가산점

[낱] [교] 더하여【加】 셈한【算】 점수【點】.

[예] 체조 경기에서는 어려운 기술을 성공시키면 가산점을 받아요.

시험이나 퀴즈, 스포츠 등에서 정해진 원래의 점수에 추가로 더해 주는 점수를 '가산점'이라고 해. 풀기 어려운 문제나 펼치기 힘든 기술 등에 가산점을 준단다.

현재 점수는 동점! 다음 문제에는 가산점이 걸려 있습니다!

OLD 2 YOUNG 2

어진 정치로 이름을 휘날린 왕은?

어휘왕! 정답! 가산점 드립니다!

어휘왕!

'한자 암기카드'를 보고 빈칸에 들어갈 말을 써 보세요.

① ◯◯◯【竹】로 ② ◯【目】알처럼 깎아 만든 주판을 ③ ◯◯◯◯【廾】 셈하니, 셈할 산(算).

算의 뜻은 셈 하 다 이고, 음은 ④◯ 입니다.

算의 어원을 생각하면서 필순에 따라 써 보세요.

算 算 算 算 算 算 算 算 算 算 算 算 算 算

算	算	算	算	算		

다지기

제 2 일차

1 ❶~❹의 뜻을 가진 낱말이 되도록 거미 등의 빈칸에 알맞은 글자를 쓰세요.

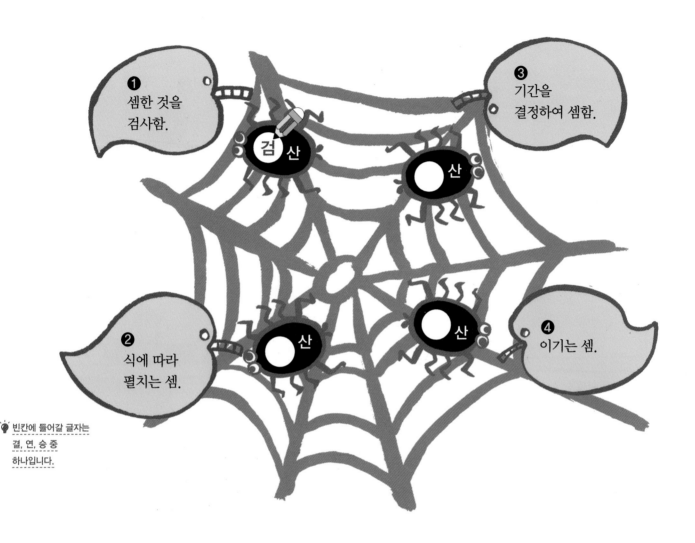

❶ 셈한 것을 검사함.

❸ 기간을 결정하여 셈함.

❷ 식에 따라 펼치는 셈.

❹ 이기는 셈.

검산

산

산

산

💡 빈칸에 들어갈 글자는
<u>결, 연, 승</u> 중
하나입니다.

2 〈보기〉의 한자를 완성하려면 어떤 길로 가야 할지 알맞은 글자를 따라 선을 긋고, 완성된 한자를 빈칸에 쓰세요.

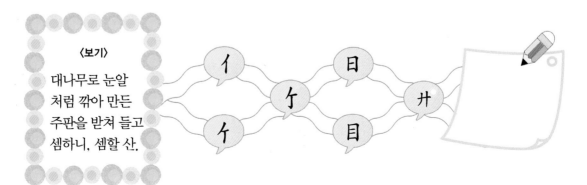

〈보기〉
대나무로 눈알
처럼 깎아 만든
주판을 받쳐 들고
셈하니, 셈할 산.

亻   彳   日   丬
彳   目

그 정도면 약과

하아~ 너무 먹어서 이 살찐 것 좀 봐.

통 통

그 정도는 약과야.

누구?

난 살이 너무 쪄서 네모난 얼굴이 동그랗게 됐다고!

뚱 뚱

백설기 공주님?!

예쁜 옷도 맞지 않고,

조금만 움직여도 숨이 차요.

헥 헥

통통하니 보기 좋은데 그래. 군고구마나 좀 먹어라.

군고구마!!

이대로는 안 돼!

우리에겐 다이어트가 꼭 필요하다고요!

쩝 쩝

이것만 먹고..

반드시 다이어트에 성공해서 보기 좋은 떡으로 다시 태어날 거야!

며칠 후

짠~
다이어트에
성공했지롱!

왜 난 변화가
없는 거야?

하루 5끼 먹던 걸
2끼로 줄였더니
살이 쫙 빠졌어.

그 정도면
약과라고요!

전 참고 참아서 하루에
한 끼밖에 안 먹었단 말예요.

하루
한 끼?!

그 정도면 약과 : 약과는 전통 과자로, 그리 딱딱하지 않아서 노인들도 수월하게 먹을 수 있는 음식입니다. 그래서 어떤 일의 정도가 생각보다 심하지 않거나 어렵지 않게 해낼 수 있을 때 '그 정도면 약과'란 말을 쓰지요.

약과 먹듯이 쉽지.

정말 난
아무것도 아니네.

앗, 밥 먹을
시간이다!

꾸역 꾸역

한 끼를 저렇게 많이?!
변화가 없는
이유가 있었군!

○ 글 속의 주황색 낱말들은 무슨 뜻일까요? 잘 생각하면서 다음 글을 읽어 보세요.

다음 주에는 제주도로 현장 체험 학습을 하러 간답니다.

6학년 선배 한 명이 제주도 도지사님께 편지를 보냈다고 해요.

우리 학교는 산 중턱에 있어 바람이 많이 부는데,

바람과 돌의 고장으로 유명한 제주도에 가 보고 싶다고 말이죠.

기쁜 마음으로 초대해 주시겠다는 도지사님의 답장이 왔어요.

그런데 한 학년에 5명만 갈 수 있어요. 총 30명을 초대하셨거든요.

5명 안에 들려면 도지사님께서 직접 내신 과제를 통과해야 해요.

도지사님께서 보낸 제주도에 관한 영상을 보고,

그 감상을 세 문장으로 요약하는 글짓기 과제예요.

나는 제주도에 무척 가고 싶었어요.

그래서 글짓기 시간에 열심히 제주도 영상을 봤어요.

나는 간단하게 제주도에 대한 내 마음을 적어 보았어요.

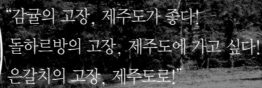

"감귤의 고장, 제주도가 좋다!
돌하르방의 고장, 제주도에 가고 싶다!
은갈치의 고장, 제주도로!"

너무 문장이 짧은 것은 아닐까 조마조마했는데 오히려 칭찬을 받았어요.

제주도에 가고 싶은 마음이   하고   하게 드러나 있다면서요.

물론 30명 안에 들어갔답니다. 야호!

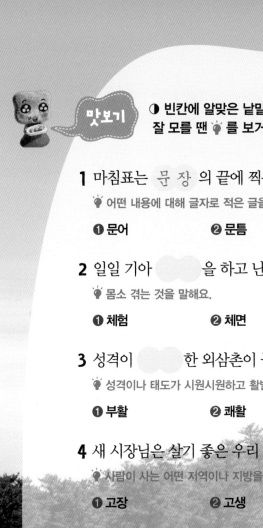

맛보기

◑ 빈칸에 알맞은 낱말을 왼쪽 글의 주황색 낱말 중에서 찾아 써 보세요.
잘 모를 땐 💡 를 보거나, ❶~❸에서 골라 쓰세요.

1 마침표는 문 장 의 끝에 찍는 부호입니다.

💡 어떤 내용에 대해 글자로 적은 글을 말해요.

❶ 문어　　　　　❷ 문틈　　　　　❸ 문장

2 일일 기아 ⬭ 을 하고 난 뒤 밥의 소중함을 깨달았어요.

💡 몸소 겪는 것을 말해요.

❶ 체험　　　　　❷ 체면　　　　　❸ 체온

3 성격이 ⬭ 한 외삼촌이 놀러 오면 언제나 웃음꽃이 피어요.

💡 성격이나 태도가 시원시원하고 활발한 것을 가리켜요.

❶ 부활　　　　　❷ 쾌활　　　　　❸ 생활

4 새 시장님은 살기 좋은 우리 ⬭ 을 만들기 위해 열심히 노력한다고 약속했어요.

💡 사람이 사는 어떤 지역이나 지방을 나타내는 순 우리말이에요.

❶ 고장　　　　　❷ 고생　　　　　❸ 고집

5 우리 반 오락 대장 지영이는 성격이 ⬭ 하고 유쾌해서 친구가 많아요.

💡 흐린 데 없이 밝고 환한 것을 가리켜요.

❶ 신랑　　　　　❷ 명랑　　　　　❸ 화랑

6 이번 방학 숙제는 부모님의 고향 풍경을 ⬭ 으로 찍어서 내는 것이에요.

💡 텔레비전이나 모니터, 영화의 화면에 나타나는 모습을 말해요.

❶ 걸상　　　　　❷ 영상　　　　　❸ 울상

동물원에서 곰을 봤어요!

동물원에서 곰을 봤어요?

글짓기 시간에 동물원과 곰이 들어가는 문장을 만드는 놀이를 했어.
'문장'은 생각이나 감정을 여러 낱말로 써서 마무리
지은 글을 가리킨단다. 두 팀으로 나뉜 떡 친구들이 문장을 만들었어.
그런데 만든 문장은 같지만 뜻이 서로 달랐단다.
서로 다른 '문장 부호'를 사용했기 때문이지.

글자 문文   글 장章

문장

낱▶ 생각이나 느낌을 글자【文】로 적은 글【章】.
교▶ 어떤 내용을 여러 낱말로 써서 마무리 지은 글.
예▶ 영어로 된 문장의 뜻을 해석해 보았어요.

・ 온점
, 반점
? 물음표
! 느낌표
" " 큰따옴표
' ' 작은따옴표

글자 문文   글 장章   부호 부符   이름 호號

문장 부호

낱・교▶ 문장(文章)의 뜻을 돕거나
알아보기 쉽게 하기 위해 쓰이는 부호(符號).
예▶ 문장 부호에는 느낌표, 물음표 등이 있어요.

문장 부호에는 온점, 반점, 물음표, 느낌표 등이 있어. 문장 부호를
알맞게 사용하면 글쓴이의 생각을 읽는 이에게 훨씬 효과적으로 전달할 수 있단다.

글월 문文   구분 단段

문단

낱▶ 문장【文】의 구분【段】.
교▶ 글에서 내용에 따라 묶을 수 있는 짧막한 덩어리.
예▶ 긴 글에서 문단을 잘 나누어 주면 읽기가 훨씬 쉬워져요.

'문단'은 하나의 중심 내용을 표현하는
여러 문장의 모임을 말해.
문단이 바뀔 때는 중심 내용이 바뀐다는
표시로 줄을 바꾸어서 첫 한 칸을
들여 쓴단다. 행의 첫 칸이 비어 있으면
문단이 새로 시작한다는 것을 뜻해.

여기서부터는 중심 내용이
바뀌니까 문단을 나누자.
첫 칸은 비워 주고.

사삭~   삭~

쏙쏙 문제

빈칸에 알맞은 낱말을 〈보기〉에서 골라 써 보세요.   〈보기〉 문장, 문단, 부호

・ '그리고'는 비슷한 내용의 두 ❶◯◯ 을 이어 주는 말이에요.

・ ❷◯◯ 을 새로 시작할 때는 첫 칸을 비워 주세요.

・ 물음표, 느낌표 등의 문장 ❸◯◯ 를 사용하면 글의 내용을 알기가 쉬워져요.

학급 문고.

떡 마을 학교의 학급 문고는 떡 친구들이 집에서 가져온 책들로 채워져 있단다.
'문고'는 책이나 문서를 모아 두는 곳을 말해.
떡 마을 문고의 책을 제일 많이 빌려 보는 친구는 바로 쑥 송편!
장래 희망이 아동 문학가라고 해.

문서 文   창고 고 庫

낱▶ 문서【文】를 넣어 두는 창고【庫】.
교▶ 책이나 문서를 모아 두는 곳.
예▶ 학급 친구들의 책을 모아 학급 문고를 만들었어요.

쑥 송편은 가을에 열릴 어린이 문예 대회를 준비하고 있어.
'문예'는 예술적인 문학을 말한단다. 문학과 예술을 아울러 이르기도 해.

글월 문 文   재주 예 藝

낱▶교▶ 문학【文】과 예술【藝】. 또는 예술로서의 문학.
예▶ 방학 동안 문예 강좌에 다녀왔더니 글짓기 실력이 늘었어요.

좋은 문예 작품 탄생은
쓰고 또 쓰는 것에서 출발!

어린이 문예 대회는 운문 부문과 산문 부문이 있어.
'운문'은 같거나 비슷한 소리가 되풀이되는 형식이기 때문에
리듬감을 느낄 수 있는 글을 말한단다. 시나 노래의 가사처럼 말이야.
'산문'은 특별한 형식이 없이 생각과 느낌을 자유로이 쓴 줄글을 말해.
주로 소설, 수필, 일기 등이 산문에 속한단다.

내 이름은 가래떡이억~♪
그녈 보면 입이 떠억~♫

운 운 韻   글월 문 文

낱▶ 일정한 운【韻】이 있는 글【文】.
교▶ 시처럼 가락이 느껴지는 글.
예▶ 시와 같은 운문을 낭송할 때는 리듬을 잘 살려 읽어 봅시다.

풀어놓을 산 散   글월 문 文

낱▶ 자유로이 풀어놓은【散】 글【文】.
교▶ 규칙에 얽매이지 않고 자유로운 문장으로 쓴 글.
예▶ 동화나 일기처럼 길고 자유롭게 쓴 글을 산문이라고 해요.

쏙쏙 문제

빈칸에 알맞은 낱말을 〈보기〉에서 골라 써 보세요.   〈보기〉 산문, 문예, 문고

• ❶◯◯ 창작과에 가면 시나 소설 등을 쓰고 감상하는 공부를 할 수 있어요.

• 겨울 방학이 되면 학급 ❷◯◯ 의 책들을 도서관에 기증하기로 했어요.

• 여행에서의 감상과 경험을 줄글로 적는 기행문은 ❸◯◯ 에 속합니다.

文

글월 문

총 4획 | 부수 文

'글월 문(文)'은 가슴에 문신(文身)을 새기고 팔다리를 벌린 사람의 모양을 본뜬 글자란다. 옛날에는 제사를 지내거나 축제를 할 때 많은 사람이 몸에 그림을 그리고 함께 춤을 추었어. 신에게 빌고 싶은 것을 몸에다 그림을 그려 글 대신 표현한 거야.

 한자 암 기 카 드

文

몸에 그림을 그려 글월 대신 표현한 것이니, 글월 문.

글월 문 文   모을 집 集

문집

낱> 글【文】을 모은【集】 것.

교> 여러 글을 모아 엮은 책.

예> 올해의 학교 문집에 제가 지은 짤막한 소설이 실렸어요.

학급 친구들의 개성이 듬뿍 담긴 글을 모아 문집을 만들었어. 여러 사람의 글을 모아 펴낸 책을 '문집'이라고 해. 한 사람이 쓴 여러 글을 모은 것을 말하기도 한다.

시를 모으면 시집, 문제를 모으면 문제집, 글을 모으면 문집이야.

학급 문집.

'한자 암기카드'를 보고 빈칸에 들어갈 말을 써 보세요.

몸에 그림을 그려 ❶◯◯ 대신 표현한 것이니, 글월 문(文).

文의 뜻은 글 월 이고, 음은 ❷◯ 입니다.

文의 어원을 생각하면서 필순에 따라 써 보세요.

文 文 文 文

| 文 | 文 | 文 | 文 | 文 | | |

1 ①~③에서 이어진 길을 따라가면 두 글자로 된 낱말이 완성됩니다.
그 낱말을 알맞은 뜻과 이으세요.

● 완성된 세 낱말은
문단, 문장, 산문입니다.

글에서 내용에
따라 묶을 수 있는
짧은 덩어리.

규칙에 얽매이지
않고 자유로운
문장으로 쓴 글.

생각이나 느낌을
글자로 적은 글.

2 〈보기〉에 맞는 한자를 ①~④에서 고르세요.

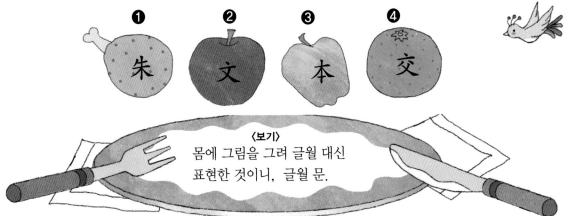

① 朱

② 文

③ 本

④ 交

〈보기〉
몸에 그림을 그려 글월 대신
표현한 것이니, 글월 문.

인절미.

사람이 모여 사는 동네를 순 우리말로 '고장'이라고 해.
어떤 물건이 많이 나는 지역이나 그 물건이 유명한 지방을 가리킬 때도
고장이라고 한단다. 충청남도 공주는 인절미의 고장이야.
인절미라는 이름이 바로 공주에서 탄생했거든.

고장

- 교 ❶ 사람이 사는 지역이나 지방.
  ❷ 어떤 물건이 특히 많이 나거나 유명한 지역.
- 예 우리 고장은 예로부터 효자가 많기로 이름났다.

나는 떡구!
내 이름에도
떡이 들어가지.

내 이름의 유래를
알려 주마!

인절미라는 이름이 어떻게 탄생했는지 그 유래를 알아보자.
'유래'는 물건이나 이름, 현상 등이 전해 내려온 바탕이나 과정을 말해.

말미암을 유 由   올 래 來

유래

- 낱 어떤 것에 말미암아【由】 전해 오는【來】 것.
- 교 일이나 물건이 옛날부터 이어져 내려온 과정이나 역사나 바탕.
- 예 족두리의 유래를 알아볼까요?

조선 시대의 일이었지. 전쟁을 만나 공주로 피신한 인조는 맛있게 먹은 떡에 이름을 붙였단다.
임 서방이 만든 떡이니 '임절미'라고 말이야. 이것이 발음이 변하여 '인절미'가 된 거야.

터전

- 교 자리 잡고 살아가는 곳.
- 예 우리 식구는 시골에 터전을 잡았다.

임 서방은 공주 지역을 터전으로 살아가는 백성이었어.
생활하며 자리 잡고 살아가는 곳을
'터전'이라고 해. 임 서방 덕분에
공주에는 명물이 하나 늘어나게 되었어.

임절미

인절미

쏙쏙 문제

빈칸에 알맞은 낱말을 〈보기〉에서 골라 써 보세요.

〈보기〉 고장, 터전, 유래

- 안성은 배와 포도의 ❶ ⬭ 으로 유명해요.

- 어린이날의 ❷ ⬭ 를 조사하기 위해 백과사전을 뒤져 보았어요.

- 공기 좋은 마을에 ❸ ⬭ 을 잡고 멋진 집을 지을 거예요.

매일 반복되는 생활을 '일상'이라고 해. 일상생활을 줄인 말이지.
전원생활의 여유로운 일상을 맛보기 위해 도시에서 시골로 터전을 옮기는
가정들이 있어. 희철이네도 그런 경우란다. 가족 모두가 아침 일찍 일어나
함께 산책하는 것이 자연스러운 일상이 되었어.

전원주택.

날 일 日　항상 상 常
일 상

날> 날【日】마다 항상【常】 반복되는 일.
교> 개학하면 매일 학교에 가는 일상으로 돌아간다.

희철이 엄마는 집 근처에 있는 재래시장이 무척 마음에 든대.
1년 내내 장이 열리는 상설 시장이야.
'상설'은 언제든지 이용할 수 있도록 설비와 시설을
갖추어 두는 것을 말해.

재래시장.

항상 상 常　베풀 설 設
상 설

날> 항상【常】 갖추어져【設】 있음.
교> 언제든지 쓸 수 있게 늘 갖추어 두는 것.
예> 한국 현대 화가들의 상설 전시장에 다녀왔어요.

항상 상 常　알 식 識
상 식

날> 보통【常】의 지식【識】.
교> 보통 사람이 가지고 있는 일반적인 지식.
예> 물이 0도에서 어는 것은 상식이지.

도시의 대형 마트에서라면 상식 밖이라고 여겨졌을 행동이 재래시장이라면 가능할 때가 있어.
주머니 사정에 맞추어 값을 깎는다든지 말이야.
'상식'은 대개의 사람들이 알고 있는 지식이나 예절 등을 말한단다.

쏙쏙 문제

빈칸에 알맞은 낱말을 〈보기〉에서 골라 써 보세요.　〈보기〉 일상, 상식, 상설

• 아빠는 바쁜 ❶◯◯ 생활에서 벗어나 낚시를 할 때 행복하다고 해요.

• ❷◯◯ 할인 매장에서 운동화를 샀어요.

• 줄을 서지 않고 새치기를 하는 것은 ❸◯◯ 에 어긋나는 일이에요.

常

항상 상

총 11획 | 부수 巾, 8획

'높을 상(尙)'과 '수건 건(巾)'이 만난 글자야. 옷이나 수건【巾】을 깨끗하게 세탁하여 높은【尙】 곳에 너는 일은 우리가 생활 속에서 항상【常】 하는 일이야. '높을 상(尙)'은 조금【小】이라도 높이【高→冋】 쌓아 올린다는 뜻이야.

빨래널기.

한자 **암기카드**

❶ 높은【尙】 곳에
❷ 수건【巾】을 너는 것은 항상 하는 일이니

높은【尙】 곳에 수건【巾】을 너는 것은 항상 하는 일이니, 항상 상.

$$尙 + 巾 = 常$$
높을 상　　수건 건　　항상 상

堂

집, 당당할 당

총 11획 | 부수 土, 8획

높은【尙】 땅【土】에 지어 올린 번듯하고 당당한 집이니, 집 당, 당당할 당(堂).
궁궐, 성, 사원 따위의 특별한 집은 높은 곳에 짓는 경우가 많았어.
높은 곳에 우뚝 선 건물은 당당함이 더 두드러져 보이거든.

높은 성.

바를 정 正　바를 정 正　당당할 당 堂　당당할 당 堂
정정당당

유 바르고【正正】 당당함【堂堂】.
예 운동회를 시작하기 전 정정당당한 경기를 치르자는 선서를 했어요.

태도나 행동이 올바르고 떳떳한 것이 '정정당당'이야.

'한자 암기카드'를 보고 빈칸에 들어갈 말을 써 보세요.

❶ ◯◯【尙】 곳에 ❷ ◯◯【巾】을 너는 것은 항상 하는 일이니, 항상 상(常).

常의 뜻은 항상 이고, 음은 ❸ ◯ 입니다.

常의 어원을 생각하면서 필순에 따라 써 보세요.

常	常	常	常	常	常	常	常	常	常	常
常	常	常	常	常						

1 돌담 안에 든 낱말 가운데 ❶~❸의 뜻에 맞는 낱말을 찾아 ◯로 묶고, 빈칸에 낱말을 쓰세요.

도 고 장 일 설 집 상

공 터 전 행 유 래 화

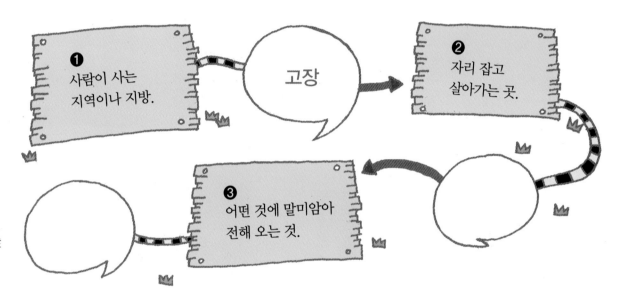

❶ 사람이 사는 지역이나 지방.

고장

❷ 자리 잡고 살아가는 곳.

❸ 어떤 것에 말미암아 전해 오는 것.

💡 나란히 붙어 있는 두 글자로 된 낱말이에요.

2 양쪽 한자에 공통으로 들어 있는 글자를 ❶~❹에서 고르세요.

❶ 尙 ❷ 王 ❸ 土 ❹ 巾

항상 상

집 당

체험 학습 보고서	장소	제주도

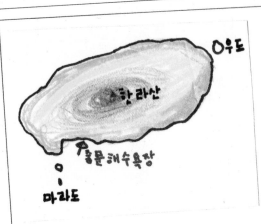

제주도

승마 체험

자동차 박물관

초콜렛 박물관

비행기를 타고 제주도에 갔다. 비행기 여행은 두번째. 하늘을

'두 번째'라고 띄어 쓰렴.

'나는'이 맞아.
날으는 기분은 조금 무섭기도 하고 재밌기도 했다. 제주도에서

해수욕도 하고 조랑말도 타고 박물관도 다녔다. 자동차 박물관

'초콜릿'이라고 써야 맞아.
에서 운전면허 시험도 보고, 초콜렛 박물관에서는 초콜렛 만드

는 걸 가까이서 구경했다. 정말 신기했다.

＊이 글은 초등학교 3학년 어린이가 쓴 체험 학습 보고서입니다.

하늘을 '나는' 비행기, 짐을 '나르는' 트럭

비행기는 하늘을 '날으는' 게 아니라 '나는' 거란다.
'날다'와 같이 ㄹ받침이 있는 말에 '-는'이 붙으면
'ㄹ'이 없어져 '나는'이 되거든.
놀이터에서 '놀으는' 아이가 아니라 '노는' 아이인 것을 보면 쉽게 알 수 있지.
그러니 '날으는'이라고 쓰거나 '나르는'이라고 쓰면 안 돼.
'나르다'는 물건을 한 곳에서 다른 곳으로 옮길 때 쓰는 표현이야.

잠자리가 나는 모습이
헬리콥터 같아~

이것만 나르고
쉬어야지!!

날다

● 공중에 떠서 어떤 위치에서 다른
위치로 움직이다.
예) 잠자리가 물 위를 날고 있다.
● 어떤 물체가 매우 빨리 움직이다.
예) 총알택시를 타고 날면 30분도 안 걸린다.

나르다

● 물건을 한 곳에서 다른 곳으로
옮기다.
예) 이삿짐을 나르는 일은 힘이 많이
든다.

1  의 뜻에 알맞은 낱말을 찾고 길을 따라가 만나는 친구에게 ◯표 하세요.

2 주어진 문장 속에 '당(堂)'의 두 가지 뜻이 있어요. 두 가지 뜻을 찾아 ◯표 하고, 빈칸에 쓰세요.

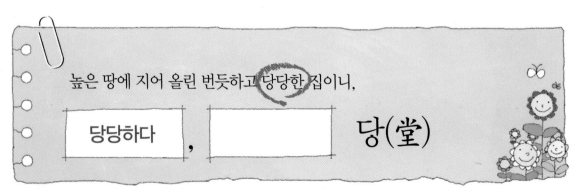

높은 땅에 지어 올린 번듯하고 당당한 집이니,

| 당당하다 | | 당(堂) |

3 아래 문장의 빈칸에 들어갈 낱말을 글자 우산에서 찾아 바른 순서대로 쓰세요.

❶ 예술로서의 문학 또는 문학과 예술을 아울러 ⬜⬜ 라고 해요.

❷ ⬜⬜ 은 규칙에 얽매이지 않고 자유로운 문장으로 쓴 글이에요.

❸ 보통 사람들이 가지고 있는 일반적인 지식을 ⬜⬜ 이라고 해요.

❹ ⬜⬜ 은 언제든지 쓸 수 있게 항상 갖추어져 있는 것을 말해요.

산   문   상   상

식   설   예   문

4 〈보기〉의 한자를 완성하려면 어떤 글자 조각이 필요한지 ❶ ～ ❹에서 고르세요.

〈보기〉 높은 곳에 수건을 너는 것은 항상 하는 일이니, 항상 상.

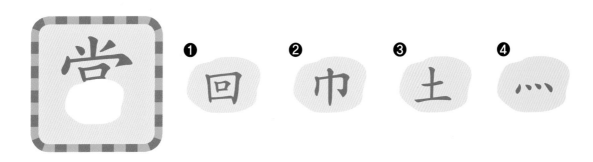

尚

❶ 回   ❷ 巾   ❸ 土   ❹ 灬

1~2 빈칸에 알맞은 낱말을 〈보기〉에서 골라 쓰세요.

〈보기〉 문단, 문고, 문예, 문집

1. 반 친구들의 글을 모아 학급 (   )을 만들었어요.
친구들의 글을 싣고 남는 페이지에는
〈재미로 하는 앙케트〉를 실었어요.

2. 학급 (   )를 채우기 위해 반 친구들이
집에서 책을 한 권씩 가져왔어요.
나는 지난 여름 방학에 다 읽은 세계 명작을 가져왔어요.

3~5 다음 글을 읽고 물음에 답하세요.

> • 짧은 끈을 이어 긴 끈을 만드는 것.
> • 기차의 레일을 이어서 긴 선로를 만드는 것.
> • 컴퓨터가 인터넷에 ㉠**연결**되는 것.
> • 통신망과 다른 통신망을 잇는 것.
> • 접하여【㉡】잇는【續】것.

3. 위의 글이 나타내는 뜻을 가진 낱말을 고르세요. (   )

❶ 접착   ❷ 접근   ❸ 접속
❹ 접촉   ❺ 접수

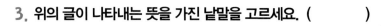

4. ㉠의 뜻으로 바른 것을 고르세요. (   )

❶ 어떤 사람과 가깝게 지내는 것.
❷ 여러 가지 것을 서로 잇거나 관계가 이어지는 것.
❸ 가까이 다가가는 것.
❹ 두 면이 서로 착 달라붙음.

5 ㉡의 한자로 바른 것을 고르세요. (   )

❶ 堂   ❷ 觸   ❸ 接   ❹ 結   ❺ 着

제 5 일차

6. 다음은 문장과 문장을 '이어 주는 말'을 나타내고 있습니다.
㉠과 ㉡에 들어갈 말로 알맞은 것을 고르세요. (   )

| 그리고 | ㉠ | 그래서, 그러므로 | ㉡ |
| 앞 + 뒤 | 앞 ↔ 뒤 | 원인 + 결과 | 결과 + 원인 |

❶ ㉠ 왜냐하면   ㉡ 그러나   ❷ ㉠ 그러나   ㉡ 왜냐하면
❸ ㉠ 그런데   ㉡ 따라서   ❹ ㉠ 따라서   ㉡ 그런데

7. 〈보기〉의 뜻을 가진 한자를 고르세요. (   )

〈보기〉 대나무 눈알처럼 깎아 만든 주판을 받쳐 들고 셈하니, 셈할 산.

❶ 産   ❷ 算   ❸ 山   ❹ 散   ❺ 酸

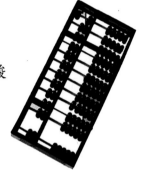

8 ~ 9 밑줄 친 낱말은 잘못 쓰인 것입니다. 고쳐 쓸 낱말을 고르세요.

8. 나눗셈을 하고 난 뒤에는 몫과 나머지를 곱하여 <u>승산</u>해 보세요.   (   )

❶ 타산   ❷ 검산   ❸ 어림   ❹ 결산   ❺ 가산

9. 공원의 <u>상식</u> 무대에서는 일요일마다 자선 콘서트가 열려요.   (   )

❶ 접근   ❷ 터전   ❸ 상설   ❹ 유래   ❺ 고장

10. 서로 관계있는 것끼리 연결하세요.

(1) 시처럼 가락이 있어 일정한 운이 느껴지는 글.   •   • 운문

(2) 규칙에 얽매이지 않고 자유로운 문장으로 쓴 글.   •   • 문단

(3) 글에서 내용에 따라 묶을 수 있는 짤막한 덩어리. •   • 산문

페달은 발로 밟는 것!

자전거 타는 걸 좋아하니?

근데 자전거를 탈 때 뭘 발로 밟으며 나아가지? 당연히 페달^{pedal}이지.

그런데 왜 이름이 페달일까?

페달^{pedal}의 **ped-**가 바로 발이라는 뜻이거든.

즉, 발로 밟으며 가는 것이니까 페달^{pedal}이야.

그럼 손은 뭐라고 할까?

손은 **mani-**라고 하는데 **mani-**를 쓰는 말 중에서

널리 알려진 단어가 바로 매니큐어^{manicure}야.

매니큐어^{manicure}는 손톱에 화장을 하는 거야.

엄마나 누나, 언니들이 손톱에 예쁜 색을 칠하며 꾸미는 것 말이야.

그럼 발톱에 칠을 하는 건 뭐라고 할까?
발은 **ped-**니까 페디큐어^{pedicure}라고 하겠지.
자, 그럼 발이라는 뜻을 가진 **ped-, -pod**와 관련된 단어들을 알아볼까?

pedicure

발이라는 뜻을 가진 **ped-**와 '치료하다' 혹은 '보존하다'라는 뜻의 **cure**가 만난 거야. 발^{ped-}을 예쁘게 보존^{cure}하기 위해 '발톱에 색칠을 하는 것'이니까 페디큐어^{pedicure}란다.

peddler

peddler는 행상^{peddle}하는 사람, 즉 '행상인^{peddler}'을 말해. 물건을 가지고 여기저기 돌아다니며 파는 사람이지. 발로 걸어 다니며 장사를 하니까 **ped-**라는 말이 들어갔어.

pedestrian

pedestrian은 '보행자'라는 뜻이야. 좀 어려운 단어일 수도 있지만 역시 **ped-**라는 말이 들어가니까 발^{ped-}로 걷는 거랑 관계가 있지. 특히 도시에서 걸어서 다니거나 길을 건너는 사람을 뜻해.

tripod

pod- 역시 발이라는 뜻이야. **tri-**는 세 개를 말하니까 발^{pod}이 세 개^{tri-}, 즉 '삼발이^{tri pod}나 삼각대^{tri pod}'를 뜻해. 카메라나 망원경을 올려놓고 고정시킬 때 많이 쓰이지.

제1일차

05쪽   1. 접속 2. 사이버 3. 시범
         4. 결산 5. 입상 6. 마비

06쪽   ❶ 접촉 ❷ 접속 ❸ 접근

07쪽   ❶ 연결 ❷ 그러나 ❸ 그래서

08쪽   ❶ 손 ❷ 선 ❸ 여자 ❹ 접

09쪽

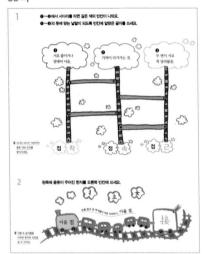

제2일차

10쪽   ❶ 검산 ❷ 결산 ❸ 연산

11쪽   ❶ 나머지 ❷ 승산 ❸ 어림

12쪽   ❶ 대나무 ❷ 눈 ❸ 받쳐 들고
         ❹ 산

13쪽

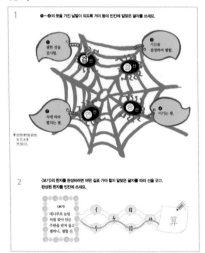

제3일차

17쪽   1. 문장 2. 체험 3. 쾌활
         4. 고장 5. 명랑 6. 영상

18쪽   ❶ 문장 ❷ 문단 ❸ 부호

19쪽   ❶ 문예 ❷ 문고 ❸ 산문

20쪽   ❶ 글월 ❷ 문

21쪽

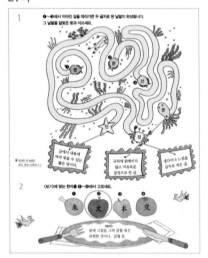

제4일차

22쪽   ❶ 고장 ❷ 유래 ❸ 터전

23쪽   ❶ 일상 ❷ 상설 ❸ 상식

24쪽   ❶ 높은 ❷ 수건 ❸ 상

25쪽

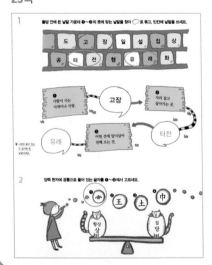

제5일차

도전! 어휘왕

28-29쪽

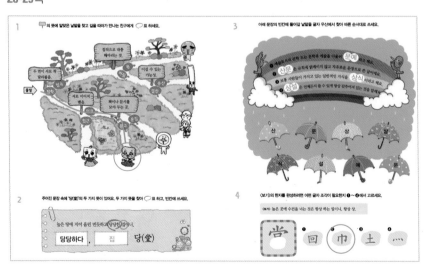

평가 문제

30-31쪽   1. 문집 2. 문고 3. ❸ 4. ❷ 5. ❸ 6. ❷ 7. ❷
          8. ❷ 9. ❸ 10. (1) 운문 (2) 산문 (3) 문단

어휘왕 등극하기

옛날 사람이 쓰던 호칭

사극을 보면 요즘 사람과는 쓰는 말이 좀 달라.
자기를 낮추어 말하고 웃어른께는 깍듯하게 대했어.
그런데 호칭이 여러 가지라 좀 헷갈리지?
호칭을 정리해서 기억해 두면 사극 보는 재미가 두 배가 될 거야.

신첩	왕 앞에서 여자가 스스로를 일컫던 말이야. 주로 왕비가 썼어.
저하	왕세자를 높여 부를 때 쓰던 말이야. 왕은 전하, 왕세자는 저하라고 불렀지.
소신	왕 앞에서 신하가 자기를 낮추어 일컫던 말이야.
대감	조선 시대에 정이품 이상의 벼슬아치들을 높여 부르던 말이야.
영감	종이품과 정삼품의 벼슬아치들을 높여 부르던 말이야. 요즘은 급수가 높은 공무원이나 지체 높은 사람을 영감이라고도 불러.
나리	정삼품 아래에 있는 벼슬아치들을 높여 부를 때 쓰던 말이야. 왕자나 지체 높은 사람을 높여 부를 때도 썼어.
소녀	나이가 어리거나 처녀인 여자가 윗사람 앞에서 자기를 낮추어 부르던 말이야.
소자	아들이 부모 앞에서 자기를 낮추어 일컫는 말이야.
소생	흔히 웃어른 앞에서 자기를 낮추어 이르는 말이야.
서방님	남편이나 결혼한 시동생을 높게 부를 때, 또 벼슬 없는 선비도 이렇게 불렀대.
도령	총각을 높여 부르는 호칭이야.
아기씨	시집갈 만한 나이가 된 처녀를 높여 부르는 말이야.
아씨	양반의 젊은 부인을 하인들이 높여 부를 때 쓰던 말이야.
소저	젊은 여자를 높여 부르는 호칭으로 아가씨란 뜻이야.
규수	혼기가 다 된 다른 집 처녀를 점잖게 부르던 말이야.
마님	지체 높은 부인을 높여 부르는 말이야.
쇤네	하인이 모시던 윗사람에게 자기를 낮추어서 하는 말이야. '소인네'가 줄어서 된 말이야.

마법의 상위권 어휘 스스로 평가표

01

다음 중 뜻을 자신 있게 말할 수 있는 낱말은 ○표, 알쏭달쏭한 낱말은 △표, 자신 없는 낱말은 ×표 하세요.

접속 (   ) | 결산 (   ) | 문장 (   ) | 고장 (   )

02

다음 중 뜻과 음을 자신 있게 말할 수 있는 한자는 ○표, 알쏭달쏭한 한자는 △표, 자신 없는 한자는 ×표 하세요.

接 (   ) | 算 (   ) | 文 (   ) | 常 (   )

03

〈평가 문제〉를 모두 풀고 정답을 확인해 보세요. 10문항 중 내가 맞힌 문항 수는 몇 개인가요?

❶ 9-10문항 (   ) | ❷ 7-8문항 (   ) | ❸ 5-6문항 (   ) | ❹ 3-4문항 (   ) | ❺ 1-2문항 (   )

| 부모님과 선생님께 |

위에서 어린이가 스스로 적은 내용을 보고, 어린이가 어려워하는 부분을 함께 보면서 어휘의 뜻과 쓰임을
이해할 수 있도록 해 주세요.

초등 2-2 단계

어휘를 알아야 만점을 잡는다!

스토리텔링식 신교과서 학습을 위한

마법의 상위권 어휘

제 4 호

어휘가
쑥쑥 자라요.

부모님과 선생님께서는 이렇게 지도해 주세요

제 1 일차	제 2 일차	제 3 일차	제 4 일차	제 5 일차
휴대용 별시계에 대한 이야기를 읽고, 대표 어휘 '은하수'와 한자 '路'를 익힙니다. '은하수'에서 확장된 여러 낱말의 뜻을 스스로 추론해 보도록 지도해 주세요.	대표 어휘 '이륙'의 뜻과 한자 '洋'을 익히고, 관계있는 낱말도 함께 익힙니다. 다지기 문제를 풀어 보고, '살갑다'라는 낱말의 뜻과 쓰임도 익히도록 해 주세요.	모스 부호를 주고받는 이야기를 읽고, 대표 어휘 '통신'과 한자 '通'을 익힙니다. '통신'에서 확장된 여러 낱말의 뜻을 스스로 추론해 보도록 지도해 주세요.	대표 어휘 '각도'의 뜻과 한자 '度'를 익히고, 관계있는 낱말도 함께 익힙니다. 다지기 문제를 풀어 보고, '부수다'와 '부시다'를 구별하여 쓰도록 해 주세요.	재미있는 게임 문제와 학교 시험 유형의 평가 문제를 풀며 어휘 실력을 다집니다. '미터(meter)'와 구성 원리가 비슷한 영어 단어들도 함께 익히도록 해 주세요.

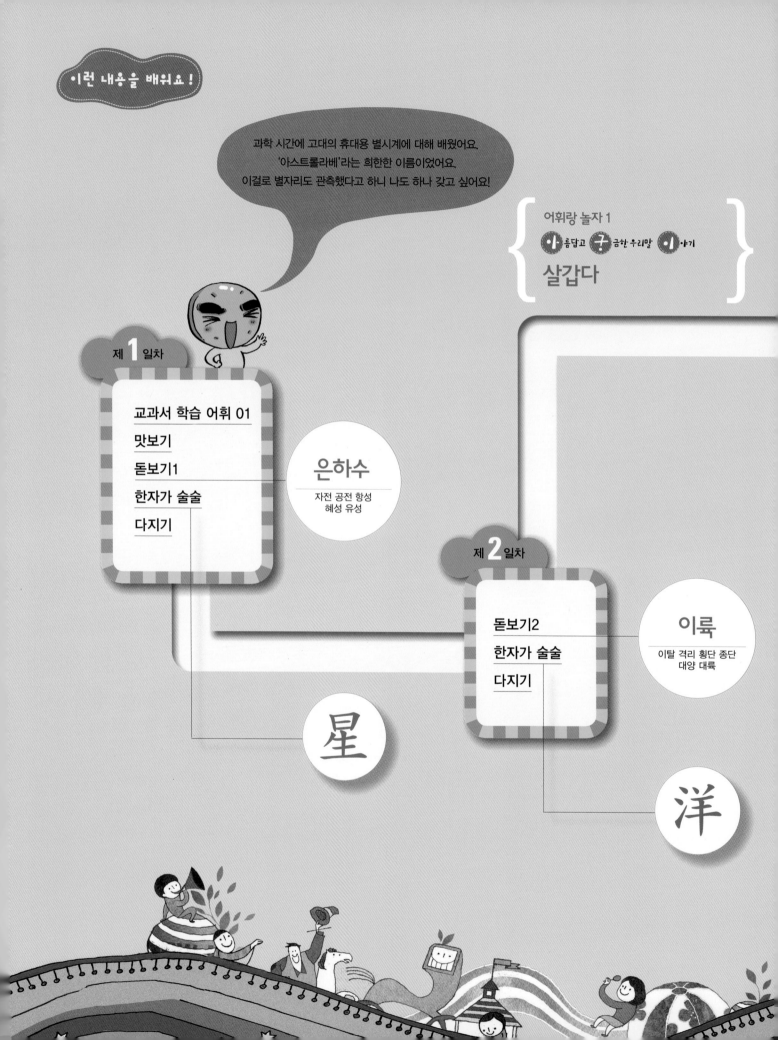

이런 내용을 배워요!

과학 시간에 고대의 휴대용 별시계에 대해 배웠어요.
'아스트롤라베'라는 희한한 이름이었어요.
이걸로 별자리도 관측했다고 하니 나도 하나 갖고 싶어요!

어휘랑 놀자 1

아름답고 궁금한 우리말 이야기

살갑다

제 1 일차

교과서 학습 어휘 01
맛보기
돋보기1
한자가 술술
다지기

은하수

자전 공전 항성
혜성 유성

제 2 일차

돋보기2
한자가 술술
다지기

이륙

이탈 격리 횡단 종단
대양 대륙

星

洋

애니메이션에서 손전등을 이용해 모스 부호를 주고받는
장면을 봤어요. 내 방에서 직접 실험을 해 봤어요.
그랬더니 저 멀리 밤하늘에서
반짝이는 불빛의 응답이 보이지 않겠어요?

제 **3** 일차

교과서 학습 어휘 02

맛보기

돋보기1

한자가 술술

다지기

통신

봉화 파발 신뢰 확신
융통성 통역

어휘랑 놀자 3

읽래어로 배우는 워드 리고요!

미터(meter)

제 **5** 일차

도전! 어휘왕

평가 문제

각도

측정 척도 단위 미터

通

제 **4** 일차

돋보기2

한자가 술술

다지기

어휘랑 놀자 2

비슷해서 틀리기 쉬운 말 비교해서 틀리지 말자

껍데기는 '부수고', 눈은 '부시고'

度 席

국어　수학　사회　과학　도덕　음미체

🔍돋보기 **은하수 · 이륙**

● 글 속의 주황색 낱말들은 무슨 뜻일까요? 잘 생각하면서 다음 글을 읽어 보세요.

과학 시간에 있었던 일이에요. 선생님께서 해시계에 대해 설명해 주셨어요.

"해시계는 인류가 처음으로 사용한 시계예요. 하지만 해시계는 낮에만 사용할 수 있지요.

그럼 밤에는 어떤 시계를 사용했을까요?"

손을 드는 사람이 아무도 없었어요. 이때 우리 반 무뚝뚝쟁이 고지식이 손을 들었어요.

"오, 지식이 학생, 대답해 보세요."

"아스트롤라베요."

고지식이 느릿느릿 대답했어요.

"야, 이렇게 어려운 걸 알고 있다니, 정말 대단한데!"

선생님께서 지식이를 칭찬하셨어요.

"아스트롤라베는 별자리 관측이 가능한 휴대용 별시계예요."

선생님께서 아스트롤라베의 사진을 보여 주셨어요.

"고대의 천문학자들은 아스트롤라베를 들고 다니며 행성과 태양, 은하수 등

주요 별들의 위치를 계산했어요.

그 값으로 시간도 알 수 있었죠. 우리나라도 조선 시대에 이와 비슷한 기기를 사용했어요."

수업 시간이 끝나자 한 친구가 고지식에게 말했어요.

"고지식! 이제부터 네 별명은 최고 지식이야."

지식이는 머리를 긁적거리며 빙긋 웃었어요.

오늘 밤 지식이는 별시계 모양의 비행접시를 타고 우주로 이륙하는 꿈을 꿀 것 같아요.

맛보기

◑ 빈칸에 알맞은 낱말을 왼쪽 글의 주황색 낱말 중에서 찾아 써 보세요.
잘 모를 땐 💡 를 보거나, ❶~❸에서 골라 쓰세요.

1 천 문 대는 별의 위치와 하늘의 움직임을 관찰하고 연구하는 곳이에요.

💡 하늘의 무늬라는 뜻으로 우주에서 일어나는 온갖 현상을 가리켜요.

❶ 천문　　　　　❷ 천사　　　　　❸ 천둥

2 비행기가 ⬤⬤ 하기 전에는 안전띠를 단단히 매어야 해요.

💡 날기 위해서 땅에서 떠오르는 것을 말해요.

❶ 이발　　　　　❷ 이빨　　　　　❸ 이륙

3 수성과 금성과 지구는 태양의 ⬤⬤ 입니다.

💡 돌아다니는 별을 뜻해요.

❶ 행진　　　　　❷ 행주　　　　　❸ 행성

4 인공위성은 우주에서 지구의 모습과 상태를 ⬤⬤ 해요.

💡 잘 살펴보고 재어 보는 일을 가리켜요.

❶ 우측　　　　　❷ 관측　　　　　❸ 억측

5 덕흥리 고분 벽화에는 ⬤⬤⬤ 를 사이에 둔 견우와 직녀의 그림이 그려져 있어요.

💡 밤하늘에 은빛 별들이 모여 빛나는 모습을 흘러가는 강물에 비유한 말이에요.

❶ 대다수　　　　　❷ 은하수　　　　　❸ 속임수

6 번호를 그대로 둔 채 휴대 전화 ⬤⬤ 만 바꾸고 싶어요.

💡 기구와 기계 따위를 통틀어 이르는 말이에요.

❶ 기기　　　　　❷ 오기　　　　　❸ 묘기

> 뺨빠뺨빠뺨빠뺨빠~♪
> 인절미 슈퍼우먼, 출동!
> 은하수에 가서 별을
> 따 오겠다, 오버!

우주에는 수많은 은하가 있어.
별들이 모여 이룬 큰 무리가 '은하'란다.
은하에는 수천억 개가 넘는 별들이 모여 있지.
그중 지구가 속해 있는 은하를 '우리은하'라고 해.
우리은하의 중심을 지구에서 바라보면 마치 은색의
강물처럼 보이기 때문에 '은하수'라고 한단다.

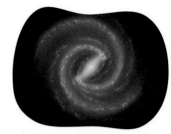

우리은하.

은 은 銀   물 하 河   물 수 水

낱▶ 은빛【銀】 강【河】의 물줄기【水】처럼 보이는 별 무리.
교▶ 밤하늘에 흰 강물 모양으로 보이는 수많은 별 무리의 띠.
예▶ 서양에서는 은하수를 우유 같다고 해서
밀키웨이(Milky Way)라고 해요.

낱▶ 은 낱글자 풀이,
교▶ 는 교과서의 뜻이야!

> 자전하면 낮밤이, 공전하면
> 사계절이 바뀌어요~!

빙글   빙글

별들은 자전과 공전이라는 운동을 한단다.
'자전'은 제자리에서 도는 것이고,
'공전'은 다른 별의 주위를 도는 걸 말해.

지구는 하루에 한 바퀴씩 스스로 돌며
자전한단다. 이때 내가 있는 곳이
태양을 바라보면 낮이고,
태양을 등지면 밤이 되는 거야.

스스로 자 自   구를 전 轉
자 전

낱▶ 스스로【自】 구름【轉】.
교▶ 지구, 달 따위가 축을 중심으로 스스로 도는 것.
예▶ 지구는 하루에 한 번 자전해요.

여러 공 公   구를 전 轉
공 전

낱▶ 여러【公】 번 구름【轉】.
교▶ 어떤 별이 다른 별의 둘레를 되풀이하여 도는 것.
예▶ 지구는 태양의 둘레를 1년에 한 번 공전해요.

지구는 또한 1년에 한 바퀴씩 태양의 주위를 돌면서 공전한단다.
태양과 멀어져서 추울 때는 겨울, 가까워져서 더울 때는 여름이야.

쏙쏙 문제

빈칸에 알맞은 낱말을 〈보기〉에서 골라 써 보세요.   〈보기〉 자전, 은하수, 공전

• 지구가 제자리에서 돌며 ❶◯◯ 하기 때문에 낮과 밤이 생겨요.

• 지구가 태양의 주위를 ❷◯◯ 하기 때문에 계절의 변화가 생기죠.

• 옛날 사람들은 ❸◯◯◯ 를 용이 사는 강처럼 보인다고 생각해서 미리내라고 불렀어요.

늘 한곳에서 자기 자리를 지키고 있는 별을 '항성'이라고 해.
항성은 빛과 열을 내는 별이란다.
지구와 가장 가까운 항성은 바로 태양이야.

우리는 별 탐험대! 우주를 향하여 출동이다. 야호~♬

항상 항恒 별 성 星
항성

낱》 항상【恒】 그 자리에 있는 별【星】.
교》 스스로 빛을 내며 늘 같은 자리에 있는 별.
예》 태양은 은하계의 항성 중 하나지요.

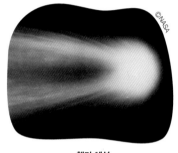

핼리 혜성.

우주의 방귀 대장인 '혜성'은 꼬리로 가스를 내뿜으며 태양 주위를
돌아다니다가 갑자기 나타나는 별이야. 그래서 어떤 분야에 새로 나타나
뚜렷한 모습을 보일 때 혜성과 같이 등장했다고 말하지.

꼬리별 혜彗 별 성 星
혜성

낱》 꼬리가 달린【彗】 별【星】.
교》 빛나는 긴 꼬리를 달고 해 둘레를 도는 별.
예》 박지성은 월드컵을 통해 혜성과 같이 나타난 선수예요.

꼬리가 달린 별이라면 혜성의 친구 '유성'을 빼놓을 수 없지.
방귀 대장의 친구답게 별명이 별똥별이야. 길고 환한 꼬리를
뽐내지만 밤하늘에 등장한 후 곧바로
사라지는 운명을 타고났단다.

앗, 별똥별! 금세 없어지네. 소원도 못 빌었는데!

어디, 어디? 안 보이는데?

흐를 류 流 별 성 星
유성

낱》 흐르는【流】 별【星】.
교》 하늘에서 빛을 내면서 떨어지는 작은 물체. 별똥별.
예》 유성에 소원을 빌면 이루어진다고 해요.

쏙쏙 문제

빈칸에 알맞은 낱말을 〈보기〉에서 골라 써 보세요.   〈보기〉 항성, 유성, 혜성

• 야영을 하며 풀밭에 누웠다가 밤하늘에 휘익 나타났다 사라지는 ❶◯◯ 을 보았어요.

• 꼬리에서 빛을 내며 날아가는 것처럼 보이는 별이 ❷◯◯ 이에요.

• 위치가 거의 변하지 않는 별이라서 ❸◯◯ 이라고 해요.

星
준 4급

별 성

총 9획 | 부수 日, 5획

'해 일(日)'과 '날 생(生)'이 합쳐진 글자야. 산이나 바다에서 길을 잃었는데 해가 지고 어두운 밤이 되고 말았어. 나침반도 없어서 동서남북을 알 수 없다 해도 당황하지 마. 밤하늘에 해【日】처럼 빛나며 나타나는【生】 별【星】들이 길잡이가 되어 줄 거야.

저녁 하늘의 별.

한자 암 기 카 드

❶ 밤하늘에 해【日】처럼 빛나며

❷ 나타나는【生】 것이니

밤하늘에 해【日】처럼 빛나며 나타나는【生】 것이니, 별 성.

日 + 生 = 星
해 일   날 생   별 성

'북극성'은 북극의 바로 위에 있기 때문에 항상 북쪽을 가리킨단다.
옛날에는 뱃사람이나 나그네들이 북극성을 기준으로 삼아
목적지로 향하는 길의 방향을 알아내곤 했어.

북쪽 북 北   끝 극 極   별 성 星

북극성

낱▶ 북쪽【北】 끝【極】에 있는 별【星】.
교▶ 북극 가까이에서 빛나는, 작은곰자리의 가장 밝은 별.
예▶ 북극성은 자리가 거의 변하지 않아서 방위 및 위도의 길잡이가 되지요.

우리, 아무래도 길을 잃은 것 같아! 해도 졌는데 어떡해?

북극성이 저쪽이니까, 우리는 이쪽으로 가면 돼!

'한자 암기카드'를 보고 빈칸에 들어갈 말을 써 보세요.

밤하늘에 ❶◯【日】처럼 빛나며 ❷◯◯◯◯◯【生】 것이니, 별 성(星).

星의 뜻은 별 이고, 음은 ❸◯ 입니다.

星의 어원을 생각하면서 필순에 따라 써 보세요.

星	星	星	星	星	星	星	星	星
星	星	星	星	星				

1 ❶~❹의 뜻을 가진 낱말이 되도록 거미 등의 빈칸에 알맞은 글자를 쓰세요.

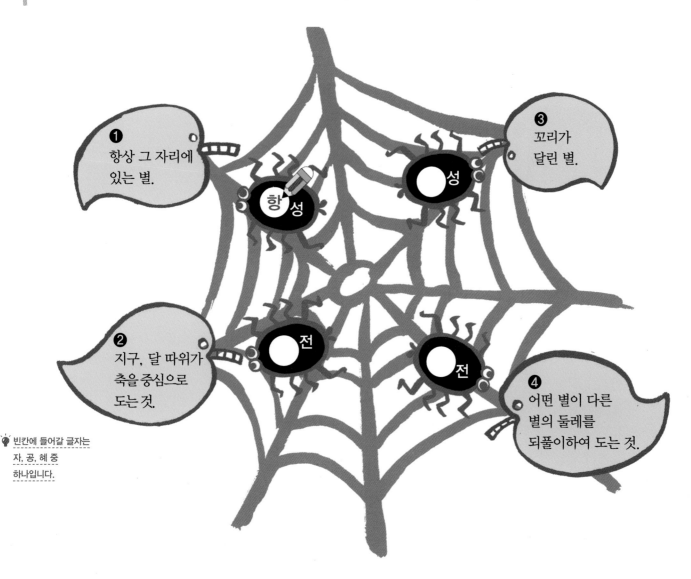

❶ 항상 그 자리에 있는 별.

항 성

❸ 꼬리가 달린 별.

○ 성

❷ 지구, 달 따위가 축을 중심으로 도는 것.

○ 전

❹ 어떤 별이 다른 별의 둘레를 되풀이하여 도는 것.

○ 전

💡 빈칸에 들어갈 글자는 자, 공, 혜 중 하나입니다.

2 〈보기〉의 한자를 완성하려면 어떤 글자 조각이 필요한지 ❶~❹에서 고르세요.

〈보기〉 밤하늘에 해처럼 빛나며 나타나는 것이니, 별 성.

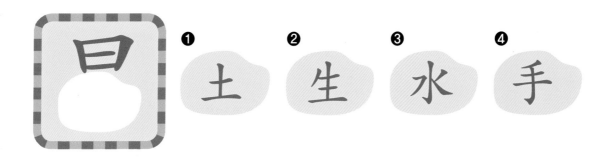

❶ 土   ❷ 生   ❸ 水   ❹ 手

어느 날 떡 마을에 슈퍼맨이 날아왔단다. 쑥개떡은 슈퍼맨에게
하늘을 나는 법을 배우기로 했어. 맨 먼저 배운 것은
이륙이었어. '이륙'은 하늘로 날기 위해 땅을 떠나는 것을 말해.

떠날 리 離   뭍 륙 陸

이륙

낱, 뭍【陸】에서 떠나【離】 하늘로 오름.
교, 날기 위해 땅 위로 떠오르는 것.
예, 헬리콥터는 활주로가 없어도 이륙할 수 있어요.

> 그래, 결심했어!
> 떡 마을 이탈!
> 여기를 떠나 보자!

쑥개떡은 열심히 연습했지만 하늘을 날기는 좀처럼
쉽지 않았어. 그래서 더 좋은 방법을 배우기 위해
떡 마을을 떠나기로 했단다. 인절미 할머니와
백설기가 있는 떡 마을을 이탈하여 과자 마을에 가 보기로
했지. '이탈'은 함께 있던 무리를 벗어나는 것을 말해.

떠날 리 離   벗을 탈 脫

이탈

낱, 무리를 떠나【離】 벗어남【脫】.
교, 어떤 무리나 테두리에서 벗어나는 것.
예, 철새 한 마리가 대열에서 이탈했어요.

쑥개떡은 과자 마을에 사는 캔디를 찾아갔어. 캔디가 사는 곳은 세상과
격리된 산속이어서 연습에 집중하기 좋을 것 같았어.
'격리'는 사이를 두어서 떼어 놓는 거란다. 쑥개떡은 캔디에게 하늘을 날고 싶다고
말했어. 캔디는 먼저 땅과 물을 잘 건너는 법을 알아야 한다고 조언해 줬어.

> 기본기가 중요해.
> 걷기 연습부터
> 해 보자고!
>
> 에, 에엣?

사이 뜰 격 隔   떠날 리 離

격리

낱, 사이를 두어【隔】 떼어 놓음【離】.
교, 다른 것과 함께 있지 못하게 따로 떼어 놓는 것.
예, 세상과 격리된 한적한 깊은 산에서 무술을 닦았어요.

쏙쏙 문제

빈칸에 알맞은 낱말을 〈보기〉에서 골라 써 보세요.   〈보기〉 이탈, 격리, 이륙

• 우주 왕복선이 ❶◯◯ 하는 모습을 방송으로 지켜보며 온 가족이 초읽기를 했어요.

• 선수촌을 멋대로 ❷◯◯ 한 선수들이 국가 대표 선발에서 탈락되고 말았어요.

• 갓 태어난 아기는 바깥에 나가기 힘들기 때문에 아기 보호실에 ❸◯◯ 되어 보호를 받아요.

제2일차

횡단은 이렇게 가로 질러 가는 거야!

캔디가 먼저 보여 준 것은 횡단이었어. '횡단'은 길을 가로질러 건너거나 동서의 방향으로 건너는 것을 말해.
그다음에는 종단을 가르쳐 주겠다며 캔디가 자기를 업고 가라고 했어.
'종단'은 세로나 남북 방향으로 건너가는 것을 말해.

남북으로 건너가는 게 종단? 아, 무거워!

가로횡橫 끊을단斷

횡단

낱️ 가로【橫】로 끊음【斷】.
교️ 길을 가로질러 가거나 바다 혹은 대륙을 동서로 건너지름.
예️ 유럽 대륙 횡단 열차를 타고 프랑스에 갔어요.

세로종縱 끊을단斷

종단

낱️ 세로【縱】로 끊음【斷】.
교️ 세로 또는 남북 방향으로 건너가거나 건너옴.
예️ 백두산에서 한라산까지 국토를 종단해 보고 싶어요.

이륙 연습보다는 이게 딱 제 적성이에요!

쑥개떡은 캔디의 도움으로 종단과 횡단을 아주 잘하게 되었어.
그 뒤로 배를 타고 대양을 횡단하며 대륙을 오가는 뱃사람이
되었단다. '대양'은 태평양이나 대서양과 같은 큰 바다를,
'대륙'은 아메리카나 아프리카처럼 큰 땅덩어리를 말해.

큰대大 큰바다양洋

대양

낱️ 크고【大】 큰 바다【洋】.
교️ 아주 넓고 깊은 바다.
예️ 넓은 대양을 바라보며 포부를 키워 봐요.

큰대大 뭍륙陸

대륙

낱️ 넓고 큰【大】 땅【陸】.
교️ 넓고 큰 땅덩어리.
예️ 우리나라는 아시아 대륙에 속해요.

쏙쏙 문제

빈칸에 알맞은 낱말을 〈보기〉에서 골라 써 보세요.   〈보기〉 횡단, 종단, 대륙

• 시베리아 ❶⬜⬜ 열차는 시베리아 대륙을 동서로 가로지르면서 달려요.

• 스무 살이 되면 아프리카 대륙의 북쪽에서 남쪽까지 걸어서 ❷⬜⬜해 보고 싶어요.

• 아시아와 유럽으로 이루어진 넓은 땅을 유라시아 ❸⬜⬜이라고 해요.

洋 6급

큰 바다 양

총 9회 | 부수 氵 6획

푸른 초원에서 양들이 풀을 뜯는 모습을 보렴.
양들이 떼를 지어 움직이는 모습이 마치 파도가
넘실거리는 것 같아. 넓고 큰 바다 위에 부서지는
하얀 물결【氵】이 수만 마리의 양 떼【羊】가 출렁이는
모습과 같다고 해서 '큰 바다 양(洋)'이야.

초원의 양 떼와 파도.

한자 암 기 카 드

❶ 물결【氵】이
洋
❷ 수만 마리의 양【羊】 떼처럼 출렁이는 곳이니

물결【氵】이 수만 마리의 양【羊】 떼처럼
출렁이는 곳이니, 큰 바다 양.

氵 + 羊 = 洋
삼수변　양 양　큰 바다 양

멀 원 遠　큰 바다 양 洋　고기잡을 어 漁　배 선 船

원양 어선

양이 멀리 있으면
원양이야?

뭔 소리야?
멀리 있는 바다가
원양이야!!

매~

매~

우리는 양치기지
어부가 아니라고!

(낱) 멀리【遠】 있는 큰 바다【洋】에서 고기를 잡는【漁】 배【船】.
(교) 먼 바다를 장기간에 걸쳐 항해하는 어업에 알맞도록 설비를 갖춘 배.
(예) 원양 어선은 먼 바다에서 생선을 잡아 오기 때문에 배 안에 냉동 시설이 있어요.

'원양 어선'은 태평양(太平洋), 대서양(大西洋), 인도양(印度洋) 따위의
대양(大洋)을 누비고 다니며 참치 등을 잡아 온다.

'한자 암기카드'를 보고 빈칸에 들어갈 말을 써 보세요.

❶◯◯【氵】이 수만 마리의 ❷◯【羊】 떼처럼 출렁이는 곳이니, 큰 바다 양(洋).

洋의 뜻은 큰 바 다 이고, 음은 ❸◯입니다.

洋의 어원을 생각하면서 필순에 따라 써 보세요.

洋洋洋洋洋洋洋洋洋

洋	洋	洋	洋	洋	

제 **2** 일 차

1

❶~❸에서 이어진 길을 따라가면 두 글자로 된 낱말이 완성됩니다.
그 낱말을 알맞은 뜻과 이으세요.

💡 완성된 세 낱말은
격리, 이탈, 이륙입니다.

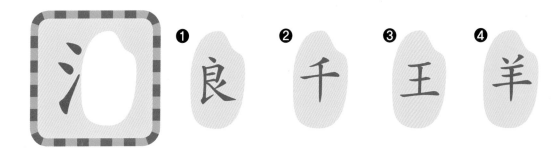

물에서 떠나
하늘로 오름.

사이를 두어
떼어 놓음.

무리를 떠나
벗어남.

2

〈보기〉의 한자를 완성하려면 어떤 글자 조각이 필요한지 ❶~❹에서 고르세요.

〈보기〉 물결이 수만 마리의 양 떼처럼 출렁이는 곳이니, 큰 바다 양.

氵

❶ 良   ❷ 千   ❸ 王   ❹ 羊

살갑다

날이 무척 추워졌어.

호호~ 손이 꽁꽁 얼었어요.

응, 이 소리는?

까아~ 이상하고 낯선 사람?!

까하하하 ~ 역시 '개그 떡방'이야!

누구?

아하~ 날이 추워지면 나타난다는 그 호떡 씨구먼!

근데 모양새가 너무 지저분한 게 꼭 거렁뱅이 같아요.

어허~ 겉모습만 보고 사람을 판단하면 안 되지!

코가 터져서 꿀 콧물이 흘러요!

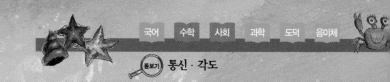
◐ 글 속의 주황색 낱말들은 무슨 뜻일까요? 잘 생각하면서 다음 글을 읽어 보세요.

엄마와 함께 애니메이션을 봤어요.

물고기 소녀와 5살 된 소년이 만나 펼치는 신기한 모험 이야기였어요.

특히 기억에 남는 장면은 소년과 소년의 아빠가 모스 부호로 통신하는 장면이었어요.

화물선의 선원인 소년의 아빠는 바다에 나가 있는 시간이 많았죠.

어느 날 밤 아빠가 탄 배가 바닷가에 있는 소년의 집 앞을 지나갈 때였어요.

아빠가 배 위의 전등을 깜박거리며 소년에게 먼저 신호를 보냈어요.

그러자 소년은 2층 베란다에 설치된 전등을 켰다 껐다 하면서 답신을 보내요.

불빛이 배가 움직이는 쪽을 향하도록 전등의 각도를 조절하면서 말이죠.

반짝이는 불빛으로 연락을 주고받는 게 너무 신기해 보였어요.

집으로 돌아와 밤하늘을 향해 손전등을 켰다 껐다 하며 깜빡거려 보았어요.

그랬더니 저 멀리서 빨간 불빛이 보이는 거예요!

누군가가 내 신호를 보고 답신을 보내는 것 같았어요.

너무 신이 난 나는 소리쳐 누나를 불렀어요.

"누나, 이리 좀 와 봐. 누가 내 모스 부호에 응답했어."

"모스 부호?"

고개를 갸우뚱거리며 하늘을 올려다보던 누나가 말했어요.

"응, 저건 비행기 불빛 같은데!"

흠, 비행기 불빛? 누나 말이 맞을지도 몰라요. 하지만 또 알아요?

외계인이 내 모스 부호를 보고 답신을 보내 주었는지 말이에요.

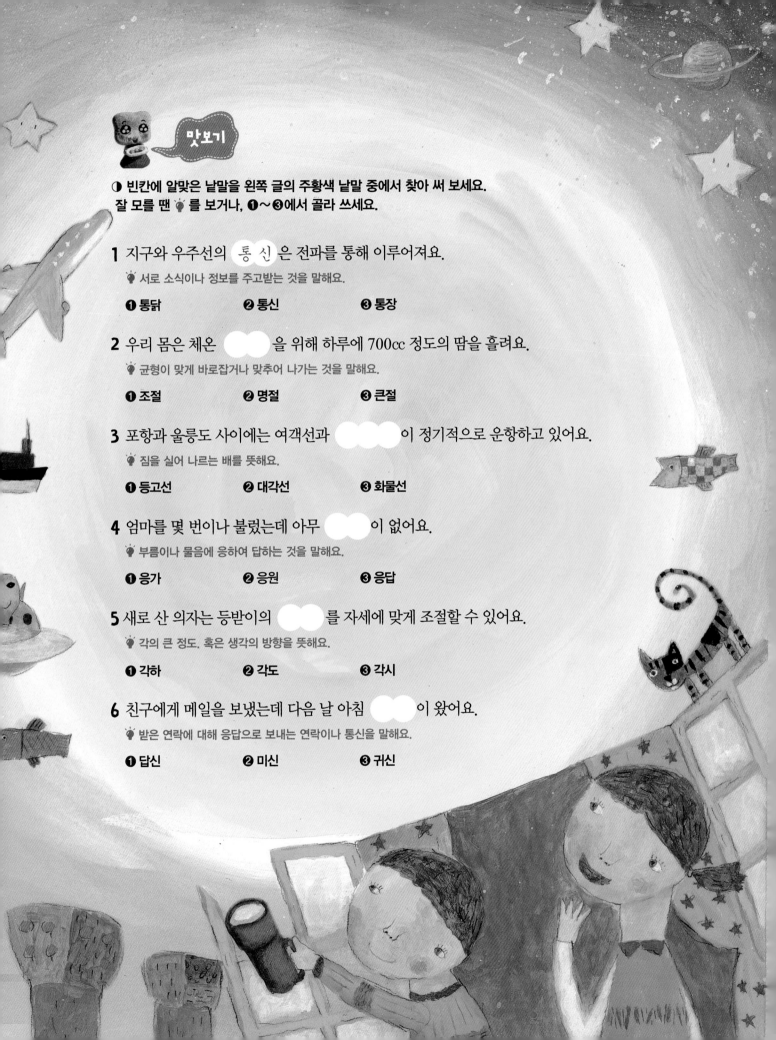

맛보기

◑ 빈칸에 알맞은 낱말을 왼쪽 글의 주황색 낱말 중에서 찾아 써 보세요.
잘 모를 땐 💡를 보거나, ❶~❸에서 골라 쓰세요.

1 지구와 우주선의 통신 은 전파를 통해 이루어져요.

💡 서로 소식이나 정보를 주고받는 것을 말해요.

❶ 통닭   ❷ 통신   ❸ 통장

2 우리 몸은 체온 ◯◯ 을 위해 하루에 700cc 정도의 땀을 흘려요.

💡 균형이 맞게 바로잡거나 맞추어 나가는 것을 말해요.

❶ 조절   ❷ 명절   ❸ 큰절

3 포항과 울릉도 사이에는 여객선과 ◯◯◯ 이 정기적으로 운항하고 있어요.

💡 짐을 실어 나르는 배를 뜻해요.

❶ 등고선   ❷ 대각선   ❸ 화물선

4 엄마를 몇 번이나 불렀는데 아무 ◯◯ 이 없어요.

💡 부름이나 물음에 응하여 답하는 것을 말해요.

❶ 응가   ❷ 응원   ❸ 응답

5 새로 산 의자는 등받이의 ◯◯ 를 자세에 맞게 조절할 수 있어요.

💡 각의 큰 정도. 혹은 생각의 방향을 뜻해요.

❶ 각하   ❷ 각도   ❸ 각시

6 친구에게 메일을 보냈는데 다음 날 아침 ◯◯ 이 왔어요.

💡 받은 연락에 대해 응답으로 보내는 연락이나 통신을 말해요.

❶ 답신   ❷ 미신   ❸ 귀신

돋보기1 모스 부호로  하는 장면이었어요.

때는 조선 시대, 강화도 앞바다에 낯선 외국 배가 나타났어.
혹시 조선과 싸움을 하러 온 것일지도 몰라. 병사는 임금님께 이 사실을 빨리
알려야 해. 소식이나 정보를 전하고 교환하는 일을 '통신'이라고 한다.

외국 함대.

전할 통通   편지 신信

통신

날▶ 소식【信】을 전함【通】.
교▶ 편지, 전화, 컴퓨터 따위로 소식이나 정보를 전하는 것.
예▶ 무선 통신은 전선을 통하지 않고 전파로 정보를 보내는 거예요.

봉수대.

병사는 산꼭대기의 봉수대로 달려가서 봉화를 피워 올렸어.
'봉화'는 나라에 생긴 난리나 큰일을 알리는 신호로 올리던 불이야.
불꽃이나 연기는 먼 곳에서도 잘 보이기 때문에 위급한 소식을 알릴 때
사용했단다. 왼쪽에 보이는 커다란 벽돌 아궁이 같은 것이 봉수대야.

봉화 봉烽   불 화火

봉화

교▶ 옛날에 나라에 큰일이 났다는 소식을
빨리 알리려고 산 위에서 피워 올리던 불.
예▶ 외적의 침입을 알리는 봉화를 올렸다.

열 파擺   다스릴 발撥

파발

교▶ 조선 시대에 말을 타거나 걸어서 나랏일에
대한 소식을 먼 곳으로 전하던 일.
예▶ 적군이 몰려오자 장군은 한양으로 급히
파발을 띄웠다.

병사는 종이에다 낯선 배의 모양과 나타난 때 등을 자세히 적었어.
나라의 문서를 전하던 통신 수단인 '파발'을 이용하려고 말이야.
문서를 완성한 병사는 파발에 사용하는
말인 파발마(擺撥馬)를 타고 한양으로 갔단다.

 쏙쏙 문제

빈칸에 알맞은 낱말을 〈보기〉에서 골라 써 보세요.   〈보기〉 파발, 봉화, 통신

• 주로 우편이나 전화에 관한 업무를 맡아보는 기관을 ❶◯◯ 기관이라고 해요.

• 옛날엔 난리가 나면 ❷◯◯ 라는 불을 피워 먼 곳에 신호를 보냈어요.

• ❸◯◯ 을 통해 연락하는 방법에는 말을 타고 가는 방법과 빨리 걸어가는 방법이 있어요.

이제 강을 건너기만 하면 곧 궁궐에 도착해. 그런데 강나루에
배가 보이지 않았어. 말을 탄 채로 강을 건널 수밖에 없었지.
병사는 자신이 타고 있는 말을 믿고 의지하며 '신뢰'해 보기로 했어.
병사는 말을 굳게 믿으며 '확신'을 가지고 힘차게 고삐를 당겼어.
유유히 강물을 건넌 병사와 말은 궁궐에 무사히 도착했단다.

믿을 신 信　의지할 뢰 賴

신뢰

낱·교 믿고【信】 의지함【賴】.
예 거짓말을 자주 하는 친구는
신뢰할 수 없어요.

굳을 확 確　믿을 신 信

확신

낱·교 굳게【確】 믿음【信】.
예 이어달리기에서 우리 반이 이길 거라고
확신해요.

병사의 파발을 전해 받은 임금님과 대신들은 머리를 맞대고 의논했어.
임금님은 그때그때 사정과 형편을 보아
'융통성' 있게 대처해야겠다고 판단했단다.

녹일 융 融　통할 통 通　성품 성 性

융통성

낱 녹여【融】 통하게【通】 하는 성품【性】.
교 그때그때의 사정과 형편을 보아 일을 처리하는 재주.
예 원칙만 따지지 말고 융통성 있게 생각해 봐.

조정 회의.

임금님은 뛰어난 통역관들을 강화도로 보냈어. 통역관은 뜻이 통하도록
외국 말을 우리말로 옮기는 '통역'을 맡은 관리들이야. 통역관들이
알아보니 낯선 외국 배는 조선과 교역을 하러 온 것이었단다.

통할 통 通　번역할 역 譯

통역

낱 통하도록【通】 번역함【譯】.
교 서로 다른 말을 사용하는 사람 사이에서 말의 뜻이
통하도록 말을 옮겨 줌.
예 우리 삼촌은 독일어를 우리말로 통역하는 일을 해요.

통역관.

쏙쏙 문제

빈칸에 알맞은 낱말을 〈보기〉에서 골라 써 보세요.　〈보기〉 통역, 확신, 신뢰

• 매일 발레 연습을 하는 동생이 이번 발표회에서 잘할 거라는 ❶◯◯이 들어요.

• 투우에 관심이 많은 형은 에스파냐 어를 우리말로 ❷◯◯ 하는 일을 하고 싶어 해요.

• 약속을 잘 지키는 사람은 주위 사람들에게 ❸◯◯를 받아요.

通 6급

통할 통

총 11획 | 부수 辶, 7획

'길 용(甬)'과 '달릴 착(辶)'이 합쳐진 글자야. 전화도 인터넷도 없던 옛날에는 서로 소식을 어떻게 전했을까? 알리고 싶은 내용을 종이에 써서 사람이 직접 전달했지. 서로 소식을 통하기【通】 위해서는 사람이 직접 길【甬】을 달려가야【辶】 했단다.

한자 암기카드

❶ 길【甬】을

❷ 달려가【辶】 소식을 전하면 통하니

길【甬】을 달려가【辶】 소식을 전하면 통하니, 통할 통.

甬 + 辶 = 通
길 용   달릴 착   통할 통

통할 통 通   알 지 知

통지

낱 소식이 통하도록【通】 알림【知】.
교 기별을 보내어 알게 함.
예 학부모회가 열린다는 통지서를 엄마께 드렸어요.

트일 소 疏   통할 통 通

소통

낱 막히지 않고 트여【疏】 통함【通】.
교 뜻이 서로 통하여 오해가 없음.
예 이번 국제회의에서는 통역관이 없어도 얘기가 잘 소통되었어요.

선생님들이 가정으로 보내는 '통지'는 학교와 가정의 의견이 원활하게 '소통'되게 해 준단다.

'한자 암기카드'를 보고 빈칸에 들어갈 말을 써 보세요.

❶ ◯【甬】을 ❷ ◯◯◯◯【辶】 소식을 전하면 통하니, 통할 통(通).

通의 뜻은 통 하 다 이고, 음은 ❸ ◯ 입니다.

通의 어원을 생각하면서 필순에 따라 써 보세요.

通	通	通	通	通	通	通	通	通	通	通
通	通	通	通	通						

1

❶～❸에서 사다리를 타면 같은 색의 빈칸이 나와요.

❶～❸의 뜻에 맞는 낱말이 되도록 빈칸에 알맞은 글자를 쓰세요.

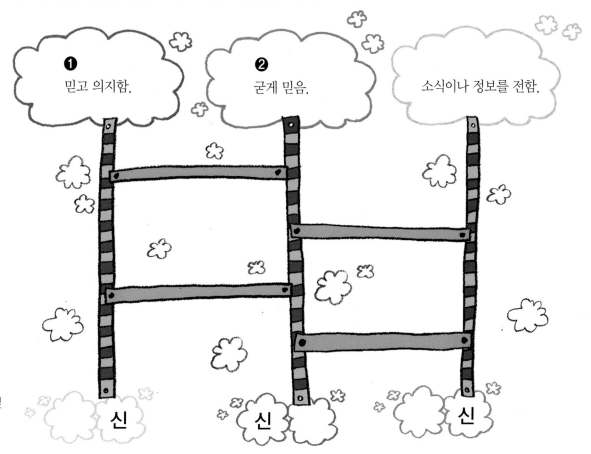

❶ 믿고 의지함.

❷ 굳게 믿음.

소식이나 정보를 전함.

💡 사다리 타기가 어려우면
같은 색의 빈칸을
찾아가세요.

신   신   신

2

왼쪽에 음뜻이 주어진 한자를 오른쪽 빈칸에 쓰세요.

甬   辶

💡 구름 속 글자들을
더하면 한자의 모양을
알 수 있어요.

길을 달려가 소식을 전하면 통하니, 통할 통.

통할 통

쿠푸왕 피라미드.

피라미드는 고대 이집트의 대표적인 유적이란다.
피라미드는 동서남북 방향으로 똑같은 각도로 세워져 있어.
'각도'는 각의 기울어진 정도나 크기를 말해.
어떤 일에 대해 생각하는 방향을 가리키기도 하지.

뿔 각 角   정도 도 度

각도

낱▶ 각【角】 크기의 정도【度】.
교▶ 각의 크기. 또는 어떤 것을 보거나 생각하는 방향.
예▶ 이번 일을 새로운 각도에서 생각해 보자.

이 체중계로
측정한 몸무게는
못 믿겠어잉!

'측정'은 눈금이 있는 장치를 사용하여
재고자 하는 것의 값을 나타내는 거야.
이집트를 흐르는 나일 강 주변에서
홍수가 자주 일어났어. 그래서 홍수가
지나갈 때마다 누구의 땅이었는지
측정하는 일을 반복했단다.

헤아릴 측 測   정할 정 定

측정

낱▶ 헤아려【測】 정함【定】.
교▶ 길이, 높이, 무게 등을 재어서 수로 나타내는 것.
예▶ 신체검사에서 몸무게와 키를 측정했어요.

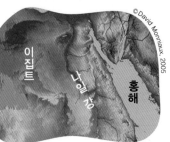
이집트와 나일 강.

정확하게 값을 측정하려면
척도가 필요하지.
'척도'란 어떤 것을 재거나
따지는 데 바탕이 되는 기준을 말해.
무엇을 평가하거나 판단할 때의
기준으로 삼는 것도 척도라고 하지.

자 척 尺   정도 도 度

척도

교▶ 어떤 것을 재거나 따지는 데 바탕이 되는 기준.
예▶ 도서관은 나라의 문화 수준을 알아
볼 수 있는 척도다.

 쏙쏙 문제

빈칸에 알맞은 낱말을 〈보기〉에서 골라 써 보세요.   〈보기〉 측정 , 척도 , 각도

• 피라미드의 바닥과 경사면의 ❶⚪⚪ 는 52도 정도라고 해요.

• 엄마는 요리용 저울로 재료의 양을 정확하게 ❷⚪⚪ 하지.

• 행복한 정도를 알 수 있는 가장 좋은 ❸⚪⚪ 는 웃음이에요.

제4일차

측정한 길이나 넓이, 각도 등을 표시하려면 단위가 필요하단다.
'단위'는 무게, 길이 등을 수치로 나타내기 위해 정해 놓은 기준을 말해.
길이를 나타내는 단위로는 '미터'가 있어.
1미터는 우리가 양팔을 쫙 펼쳤을 때의 길이와 비슷해.

하나 단 單   자리 위 位

단위

낱 하나【單】를 구성하는 기본적인 자리【位】.
교 시간, 길이, 크기 등을 재는 데 바탕이 되는 기준.
예 우리나라의 화폐 단위는 '원'이다.

meter

미터

교 길이를 나타내는 말로 1미터는 100센티미터이다.
예 100미터 달리기에서 작년보다 좋은 기록이 나왔어요.

미터를 기준으로 길이를 재는
단위에는 밀리미터, 센티미터,
킬로미터 등이 있어.
미터를 생략하고 '밀리', '센티',
'킬로'로 줄여서 부르기도 한단다.

'밀리'는 $\frac{1}{1000}$을 나타내.
1밀리미터는 $\frac{1}{1000}$미터란다.

내 발 사이즈는
210밀리!

신발의 길이를 나타낼 때는
보통 밀리미터로 얘기해.

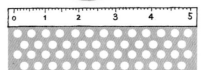

왼쪽 자에서 1센티미터는
0에서 1까지
큰 눈금 한 칸의 길이란다.

사람의 키는 주로
센티미터로 나타내지.

'센티'는 $\frac{1}{100}$을 뜻하지.
1센티미터는 $\frac{1}{100}$미터야.

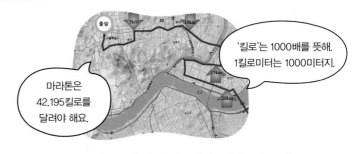

'킬로'는 1000배를 뜻해.
1킬로미터는 1000미터지.

마라톤은
42.195킬로를
달려야 해요.

킬로미터는 미터의 천 배나 되기 때문에
거리를 나타낼 때 주로 쓰여.

쏙쏙 문제

빈칸에 알맞은 낱말을 〈보기〉에서 골라 써 보세요.   〈보기〉 단위, 미터, 밀리

• 부산에서 서울까지는 약 430킬로 ❶___ 예요.

• 센티미터는 길이를 나타내는 ❷___ 예요.

• 제 발의 크기는 185 ❸___ 미터예요.

度 6급

정도 도

총 9획 | 부수 广, 6획

자가 없었던 옛날에는 손을 펼친 길이를 기준으로 물건의 길이를 쟀어. 하지만 사람의 손의 길이는 저마다 다르기 마련이지. 그러니 길이의 정도【度】를 제대로 재기 위해서는 여러【庐】 사람의 손【又】으로 헤아려 보아야 했단다.

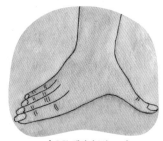

손으로 헤아려 보는 모습.

한자 암기카드

① 여러【庐】 사람의

② 손【又】으로 헤아린 정도니

여러【庐】 사람의 손【又】으로 헤아린 정도니, 정도 도.

$$庐 + 又 = 度$$

여러 서   손 우   정도 도

❶ 庐는 '여러 서(庶)'의 획을 줄인 모양.

어려울 난 難   쉬울 이 易   정도 도 度

난이도

📖 어렵고【難】 쉬운【易】 정도【度】.

📖 시험 문제, 운동, 기술 따위에서 어렵거나 쉬운 정도.

✏ 난이도가 높은 기술을 선보이면 좋은 점수를 받아요.

席 6급

자리 석

총 10획 | 부수 巾, 7획

여러【庐】 사람이 앉도록 수건【巾】을 깐 자리니, 자리 석(席).
집에 손님이 찾아오면 여러【庐】 사람이 앉도록 수건【巾】과 같은 천으로 만든 방석을 깔아 자리를 마련하니, 자리 석(席)이야.

앉기만 하면 부자 되는 돈방석이야!

가재 도사가 아니라 허풍쟁이잖아.

'한자 암기카드'를 보고 빈칸에 들어갈 말을 써 보세요.

❶ ◯◯【庐】 사람의 ❷ ◯【又】으로 헤아린 정도니, 정도 도(度).

度의 뜻은 정 도 이고, 음은 ❸ ◯ 입니다.

度의 어원을 생각하면서 필순에 따라 써 보세요.

度 度 度 度 度 度 度 度 度
度   度   度   度   度

1 철길 안에 든 낱말 가운데 ❶∼❸의 뜻에 맞는 낱말을 찾아 ⬭로 묶고, 빈칸에 낱말을 쓰세요.

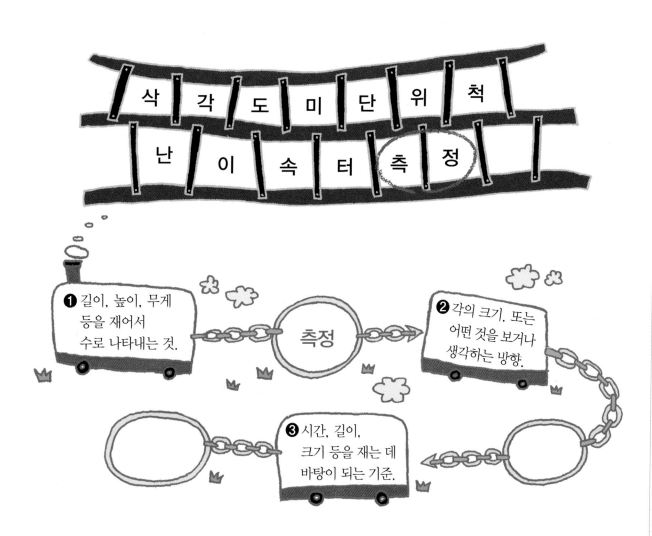

삭 각 도 미 단 위 척

난 이 속 터 측 정

❶ 길이, 높이, 무게 등을 재어서 수로 나타내는 것.

측정

❷ 각의 크기. 또는 어떤 것을 보거나 생각하는 방향.

❸ 시간, 길이, 크기 등을 재는 데 바탕이 되는 기준.

2 양쪽 한자에 공통으로 들어 있는 글자를 ❶∼❹에서 고르세요.

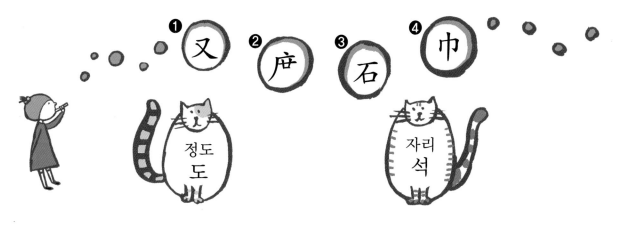

❶ 又 ❷ 庀 ❸ 石 ❹ 巾

정도
도

자리
석

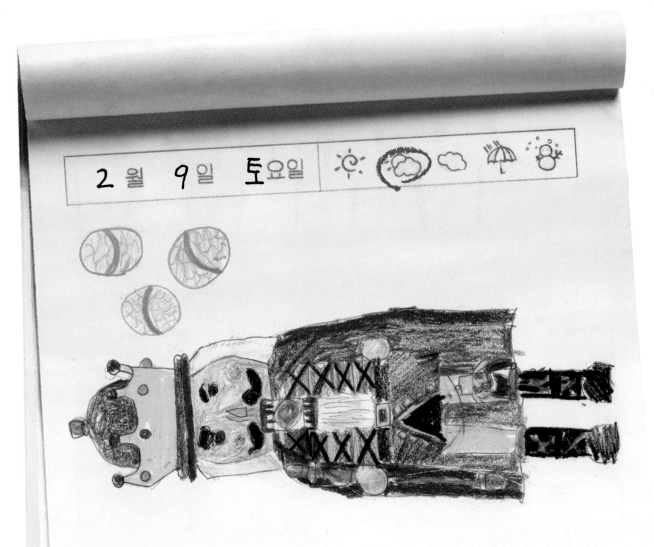

2월 9일 토요일

우리 집에는 호두까기 인형이 있다. 작년에 산타 할아버지한테

받은 선물이다. 오늘 호두까기 인형으로 호두를 부시다가 그만

'부수다가'로 쓰렴.

고장이 낮다 호두 껍대기는 안 깨지고 글쎄 인형의 아랫턱이

'났다'가 바른 표현이야. '껍데기'라고 쓴단다. '아래턱'으로 써야 해.

깨져 버렸다. 아빠가 턱을 다시 붙여 줬지만, 이제 호두는 까

지 못한다. 슬프다.

*이 글은 초등학교 3학년 어린이가 쓴 일기입니다.

껍데기는 '부수고', 눈은 '부시고'

호두 껍데기를 깨뜨릴 때에는
'부셨다'가 아니라 '부쉈다'라고 써야 해.
'부수다'는 단단한 물체를 여러 조각이 나게
두드려 깨뜨린다는 뜻이야. '부시다'는 빛이 너무 강렬해서
마주 보기 어려울 때 쓰는 말이지.

호두 껍데기를
망치로 부수자!

부시다

- 빛이나 색채가 강렬하여 마주 보기가 어려운 상태에 있다.
- 예 어두운 실내에 있다가 밖으로 나오자 눈이 부셨다.

눈이 부실 땐
선글라스를~

부수다

- 단단한 물체를 여러 조각이 나게 두드려 깨뜨리다.
- 예 망치로 돌을 잘게 부쉈다.
- 만들어진 물건을 두드리거나 깨뜨려 못 쓰게 만들다.
- 예 자물쇠를 부수다.

1 아래 문장의 빈칸에 들어갈 낱말을 글자 우산에서 찾아 바른 순서대로 쓰세요.

① 어떤 것을 재거나 따지는 데 바탕이 되는 것을 ⚪⚪ 라고 해요.

② 외적의 침입을 알리기 위해 ⚪⚪ 를 올렸어요.

③ 100 ⚪⚪ 달리기에서 작년보다 좋은 기록이 나왔어요.

④ 적군이 몰려오자 장군은 급히 한양으로 ⚪⚪ 을 띄웠어요.

봉　파　척　미

터　도　발　화

2 〈보기〉의 한자를 완성하려면 어떤 길로 가야 할지 알맞은 글자를 따라 선을 긋고,
완성된 한자를 빈칸에 쓰세요.

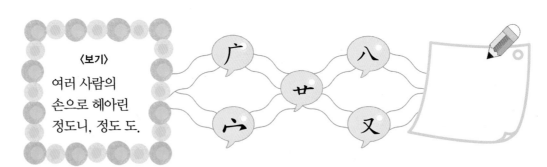

〈보기〉
여러 사람의
손으로 헤아린
정도니, 정도 도.

广　　八
　　廿
亠　　又

제 5 일 차

3 의 뜻에 알맞은 낱말을 찾고 길을 따라가면 만나는 친구에게 ◯표 하세요.

4 왼쪽에 음뜻이 주어진 한자를 오른쪽 빈칸에 쓰세요.

💡구름 속 글자들을
더하면 한자의 모양을
알 수 있어요.

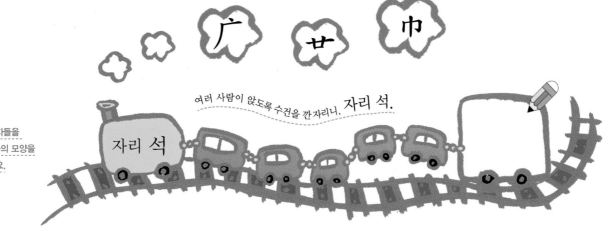

여러 사람이 앉도록 수건을 깐 자리니, 자리 석.

1~2 〈보기〉의 뜻을 가진 한자를 고르세요.

1. 밤하늘에 해처럼 빛나며 나타나는 것이니, 별 성.

❶ 性　　　❷ 星　　　❸ 成

❹ 誠　　　❺ 省

2. 물결이 수만 마리의 양 떼처럼 출렁이는 곳이니, 큰 바다 양.

❶ 羊　　　❷ 量　　　❸ 良

❹ 兩　　　❺ 洋

3~4 다음 그림 속의 ⓐ와 ⓑ에 알맞은 단어를 〈보기〉에서 골라 쓰세요.

〈보기〉 미터, 각도, 단위, 척도

3. 고대 이집트의 대표적인 유적인 피라미드는 동서남북 방향으로 똑같은 ⓐ(　　　)로 세워져 있어요.

356
ⓐ220
440

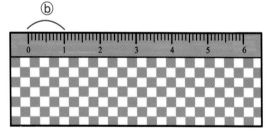

ⓑ
0 1 2 3 4 5 6

4. ⓑ 1센티(　　　)는 그림 속의 자에서 0에서 1까지 큰 눈금 한 칸의 길이란다. 센티는 $\frac{1}{100}$ 을 뜻하는 말이야.

5. 서로 관계있는 것끼리 연결하세요.

(1) 길을 달려가 소식을 전하면 통하니, 통할 통.　•

(2) 여러 사람의 손으로 헤아린 정도니, 정도 도.　•

(3) 여러 사람이 앉도록 수건을 깐 자리니, 자리 석.　•

• 席

• 通

• 度

제 5 일차

6~7 다음 글을 읽고 물음에 답하세요.

> (가) 우주의 방귀 대장인 (㉠)은 꼬리로 가스를 내뿜으며 태양 주위를 돌아다니다가
> 갑자기 나타난답니다. 어떤 분야에 새로 나타나 뚜렷한 모습을 보이는 사람에게
> (㉠)처럼 등장했다고 말하기도 해요.
> (나) (㉡)은(는) 나라에 생긴 난리나 큰일을 알리는 신호로 올리는 불을 말해요. 불꽃
> 이나 연기는 멀리서도 잘 보이기 때문에 아주 위급한 소식을 알릴 때 사용했어요.

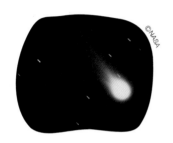

6. ㉠에 들어갈 알맞은 낱말을 고르세요. (   )

❶ 항성   ❷ 유성   ❸ 혜성

❹ 행성   ❺ 위성

7. ㉡에 들어갈 알맞은 낱말을 고르세요. (   )

❶ 점화   ❷ 통역   ❸ 파발

❹ 봉화   ❺ 성화

8. 서로 관계있는 것끼리 연결하세요.

(1) 지구, 달 따위가 축을 중심으로 스스로 도는 것.   •   • 자전

(2) 어떤 별이 다른 별의 둘레를 되풀이하여 도는 것.   •   • 공전

9~10 밑줄 친 낱말은 잘못 쓰인 것입니다. 고쳐 쓸 낱말을 고르세요.

9. 로켓이 불을 내뿜으며 하늘로 **이탈**하는 장면을 텔레비전으로 지켜봤어요.   (   )

❶ 종단   ❷ 횡단   ❸ 격리   ❹ 이륙   ❺ 이사

10. **만족도**가 높은 문제를 맞혔다고 칭찬을 받았어요.   (   )

❶ 신뢰도   ❷ 숙련도   ❸ 선명도   ❹ 가속도   ❺ 난이도

길이가 몇 미터인지
재 봤니?

전기나 가스의 계량기를 보통 뭐라고 부를까?

계량기가 뭐냐고?

계량기는 사용한 양을 재는 기계를 말해.

전기나 가스 등을 얼마나 사용했는지 숫자로 보여 주는 계기판이 있잖아.

그게 바로 계량기인데 영어로는 **meter**라고 해.

미터^{meter}는 길이를 재는 단위 아니냐고?

물론이야. 그런데 길이뿐만 아니라 온도나 수량 등을 잴 때에도

미터^{meter}라는 말을 사용할 수 있어.

meter가 원래 '재다'라는 뜻이거든.

미터^{meter}는 길이의 단위이면서 계량기라는 뜻도 되고 재다라는 동사도 되는 거야.

열, 기압, 가스, 속도 등 미터^{meter}로 재어 볼 수 있는 건 무척 다양하단다.

특히 길이를 재는 단위인
킬로미터^{kilometer}, 센티미터^{centimeter}, 밀리미터^{millimeter}에는
모두 미터^{meter}가 들어가지?
이처럼 미터^{meter}를 붙여 길이의 단위를 나타내는 단어들도 아주 많아.
그럼 **meter**로 뭘 재어 볼까?

thermo**meter**

열^{thermo}을 재어 표시하는
계량기^{meter}라는 뜻이야.
열을 재는 것이니까
'온도계,
체온계^{thermometer}'를
말한단다.

gas **meter**

가스^{gas}의 사용량을
표시하는
계량기^{meter}를 말해.
너무 쉽지?
'가스계량기^{gas meter}'라는
뜻이야.

speedo**meter**

속도^{speed}를 표시하는 계기^{meter}를 말해.
이것도 식은 죽 먹기인데!
맞아, '속도계^{speedometer}'라는 뜻이야.

kilo**meter**

kilo-는 '천(=1000)'이라는 뜻이니까
1킬로미터^{kilometer}는 당연히
1000미터^{meter}가 되겠지.

콕콕 정답

제1일차

05쪽 1. 천문 2. 이륙 3. 행성
4. 관측 5. 은하수 6. 기기
06쪽 ❶ 자전 ❷ 공전 ❸ 은하수
07쪽 ❶ 유성 ❷ 혜성 ❸ 항성
08쪽 ❶ 해 ❷ 나타나는 ❸ 성

09쪽

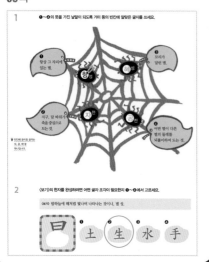

제2일차

10쪽 ❶ 이륙 ❷ 이탈 ❸ 격리
11쪽 ❶ 횡단 ❷ 종단 ❸ 대륙
12쪽 ❶ 물결 ❷ 양 ❸ 양

13쪽

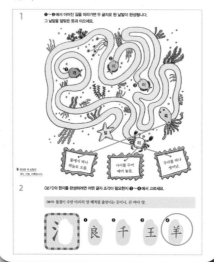

제3일차

17쪽 1. 통신 2. 조절 3. 화물선
4. 응답 5. 각도 6. 답신
18쪽 ❶ 통신 ❷ 봉화 ❸ 파발
19쪽 ❶ 확신 ❷ 통역 ❸ 신뢰
20쪽 ❶ 길 ❷ 달려가 ❸ 통

21쪽

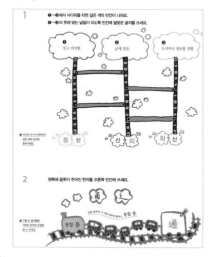

제4일차

22쪽 ❶ 각도 ❷ 측정 ❸ 척도
23쪽 ❶ 미터 ❷ 단위 ❸ 밀리
24쪽 ❶ 여러 ❷ 손 ❸ 도

25쪽

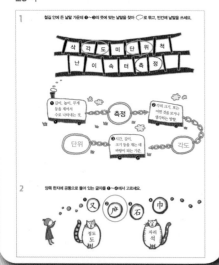

제5일차

도전! 어휘왕
28-29쪽

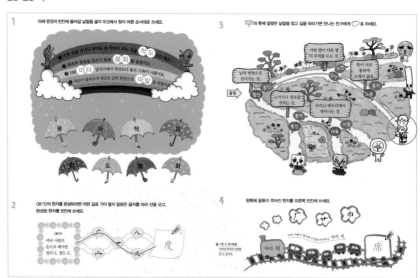

평가 문제
30-31쪽 1. ❷ 2. ❺ 3. 각도 4. 미터 5. (1) 通 (2) 度 (3) 席 6. ❸ 7. ❹
8. (1) 자전 (2) 공전 9. ❹ 10. ❺

사람 됨됨이에 대한 여러 가지 말

어른들은 종종 아이들에게 '그 녀석 참 듬직하네',
'어린데도 참 의젓해' 같은 말을 해. 알고 보면 성격이나 됨됨이에 대한
칭찬이야. 우리말에는 이렇게 됨됨이에 대한 말이 많아.
어떤 것들이 있는지 알아볼까?

고분고분하다	말이나 행동이 공손하고 부드러운 것을 일컫는 말이야.
건방지다	잘난 체하며 지나치게 주제넘은 됨됨이를 말해.
듬직하다	사람됨이 가볍지 않고 믿음성 있게 묵직하다는 말이야.
꿋꿋하다	사람의 의지와 태도, 마음가짐 따위가 매우 굳센 것을 말해.
바지런하다	일에 꾸준하고 열심인 것을 뜻해.
능청맞다	속으로는 엉큼한 마음을 숨기고 겉으로는 천연덕스럽게 행동한다는 뜻이야.
괄괄하다	성질이 세고 급한 걸 뜻해. 목소리가 굵고 거센 것도 괄괄하다고 해.
깐깐하다	행동이나 성격 따위가 까다로울 만큼 빈틈이 없다는 말이야.
두루뭉술하다	말이나 성격이 맺고 끊는 데가 없이 적당하게 처리하여 분명하지 못하다는 뜻이야.
뻔뻔하다	부끄러운 짓을 하고도 염치없이 태연하다는 뜻이야.
싹싹하다	눈치가 빠르고 상냥하며 시원스러운 것을 뜻해.
우락부락하다	말이나 태도가 거칠고 난폭하다는 말이야.
옹졸하다	성품이 너그럽지 못하고 생각이 좁은 것을 말해.
의젓하다	점잖고 무게가 있다는 말이야.
찬찬하다	성질이나 솜씨, 행동 따위가 꼼꼼하고 자상한 것을 일컬어.
참하다	성격이 자상하고 얌전한 것을 뜻해.
천연덕스럽다	시치미를 뚝 떼어 겉으로는 아무렇지 않은 체하는 태도를 말해.
헤프다	말이나 행동 따위를 조심성이나 아끼는 데 없이 마구 하는 걸 뜻해.

마법의 상위권 어휘 스스로 평가표

01

다음 중 뜻을 자신 있게 말할 수 있는 낱말은 ○표, 알쏭달쏭한 낱말은 △표, 자신 없는 낱말은 ×표 하세요.

은하수 (　　　) │ 이륙 (　　　) │ 통신 (　　　) │ 각도 (　　　)

02

다음 중 뜻과 음을 자신 있게 말할 수 있는 한자는 ○표, 알쏭달쏭한 한자는 △표, 자신 없는 한자는 ㅍ×표 하세요.

星 (　　　) │ 洋 (　　　) │ 通 (　　　) │ 度 (　　　)

03

〈평가 문제〉를 모두 풀고 정답을 확인해 보세요. 10문항 중 내가 맞힌 문항 수는 몇 개인가요?

❶ 9-10문항 (　　　) │ ❷ 7-8문항 (　　　) │ ❸ 5-6문항 (　　　) │ ❹ 3-4문항 (　　　) │ ❺ 1-2문항 (　　　)

| 부모님과 선생님께 |

위에서 어린이가 스스로 적은 내용을 보고, 어린이가 어려워하는 부분을 함께 보면서 어휘의 뜻과 쓰임을
이해할 수 있도록 해 주세요.